칭찬이
아이를
망친다

'HOMENAI KOSODATE' DE KODOMO WA NOBIRU
by KISHI Hidemitsu
Copyright © 2010 KISHI Hidemitsu
All rights reserved.
Originally published in Japan by SHOGAKUKAN INC., Tokyo.
Korean translation rights arranged with SHOGAKUKAN INC., Japan
through THE SAKAI AGENCY and BC AGENCY

칭찬이
아이를
망친다

기시 히데미쓰 지음 | 이지현 옮김

칭찬이 아이를 망친다

초판 1쇄 발행 2013년 1월 5일

지은이 | 기시 히데미쓰
옮긴이 | 이지현

펴낸이 | 김우연, 계명훈
마케팅 | 함송이, 강소연
디자인 | 김낙현

펴낸곳 | for book
주   소 | 서울시 마포구 공덕동 105-219 정화빌딩 3층
문   의 | 02-752-2700(에디터)
인   쇄 | 미래프린팅

출판 등록 | 2005년 8월 5일 제2-4209호
값 | 11,000원
ISBN : 987-89-93418-49-1 03370

차 례

① **칭찬이 아이를 망친다**
　칭찬은 정말로 좋은 것일까?

④ 인정 해주는 대화법으로 커뮤니케이션하라

어른들도 인정받고 싶어 한다

변하는 것과 변하지 않는 것

나는 두 아들을 둔 아빠로서 지금까지 여러 가지 어려움을 겪으면서 아이들을 키워 왔다. 그런 나 역시도 자녀 교육이 결코 쉬운 일이 아니라는 사실을 하루에도 몇 번씩 느낀다. 그런데 신기하게도 이 세상의 모든 부모들이 그렇게 힘들어하면서도 자녀 교육에 열성적이다. 이렇게 열심히 노력하는 분야가 또 있을까 싶을 정도다. 게다가 학교 선생님들과 학원 선생님들도 아이의 성장을 돕기 위해 모든 수단과 방법을 동원한다.

이러한 부모와 선생님들의 노력은 아이들의 학력을 높이기 위한 것만은 아니다. 아이의 개성을 살려 주고, 독립심과 창의력, 협동심과 배려, 인내심을 기를 수 있도록 가르친다. 아이가 열중할 수 있는 무언가를 찾도록 돕기도 하고, 책임감이나 예의범절, 인간으로서의 윤리와 도덕심도 가르친다.

하지만 아무리 열심히 가르쳐도 생각만큼 좋은 결과가 나오지 않는다는 데 문제가 있다. 좋은 결과가 나오기는커녕 오히려 뭔가 잘못되어 간다는 생각이 들 때가 더 많다. 도대체 무엇이 잘못된 것일까?

나는 '코칭', 즉 대화를 통해 상대방의 행동과 능력을 최대한으로 이끌어내는 커뮤니케이션 전문가로서 기업을 비롯해 지방자치단체, 학교, 병원 등에서 각종 강연과 교육 프로그램을 진행하고 있다. 이런 일을 하면서 항상 느끼는 것이 있다. 오늘날의 사회는 가치관이 급변하고 있기 때문에, 지금까지 옳다고 생각했던 방법이 더 이상 통하지 않는 경우가 많은 반면에 인간의 본질은 결코 변하지 않는다는 점이다.

발전하는 사회라면, 사람들은 성장을 통해 얻고 싶은 것을 얻음으로써 행복해지고 싶어 한다. 그런 사람들에게는 "힘내라!", "자신감을 가져라!", "긍정적으로 생각하라!" 등의 심리적인 격려가 도움이 된다. 하지만 고속 성장의 단계를 지나 침체기에 들어선 현대 사회에서는 의욕이 있어도 성과를 내기가 어렵고, 사람들은 점점 더 자신감을 잃어 간다. 또한 긍정적으로 생각하려고 해도 막다른 벽에 부딪히곤 한다. 지금까지 해오던 방법이 도움이 되기는커녕 오히려 활력을 앗아가기도 한다.

이 책에서 다룰 '칭찬'이라는 심리적 방법도 마찬가지인데, 사람들은 칭찬하는 방법을 좋은 것으로만 알고 있다. 기업의 교육 프로그램에서는 '부하 직원 칭찬하는 방법'을 다루고, 서점에서는 칭찬하는 방법과 기술을 다룬 책이 베스트셀러 목록에서 빠지지 않는다. 심지어 일반인들을 대상으로 칭찬에 관한 강좌가 열리기도 한다. 얼핏 보면 칭찬이 모든 문제를 해결해 줄 것 같은 느낌이 든다.

이처럼 사람들은 칭찬을 좋은 방법으로만 알고 있는데, 실제로 그럴까? 솔직히 말해서 칭찬이 과해지면 억지로 장점을 찾아내어 마음에 없는 말을 하게 되거나, 칭찬 속에 상대방을 조종하려는 의도가 담기기도 한다. 이런식의 칭찬으로 과연 진정한 신뢰 관계를 쌓을 수 있을까? 칭찬으로 인해서 우리가 알지 못하는 심각한 문제가 일어나고 있는 것은 아닐까? 사랑하는 아이들에게 마음에도 없는 칭찬을 계속 반복하는 것이 오히려 역효과를 불러일으키지는 않을까?

따라서 우리는 칭찬의 본질에 대해 좀 더 분명하게 알 필요가 있으며, 그렇게 해야만 인간이 가진 변하지 않는 힘의 원천에 도달할 수 있다. 독자들은 이 점을 염두에 두고 읽어 주기 바란다.

기시 히데미쓰岸 英光

①

칭찬이 아이를 망친다

'칭찬은 정말로 좋은 것일까?'

칭찬에는 '착한 아이'가 되면 '사랑해 주겠다'는 의미가 담겨 있다. 그래서 사랑을 받고 싶어 하는 아이에게 칭찬은 '협박'처럼 들릴 수 있다.

'착한 어린이 증후군'이 늘고 있다

"아이는 칭찬하면서 길러야 한다."

요즘은 칭찬 육아법이 자녀 교육의 모범인 것처럼 받아들여지고 있다. 집과 학교는 물론 학원에서조차도 아이에게 칭찬을 하면 동기를 불어넣어 올바르게 성장한다고 생각한다. 사정이 그렇다 보니 '칭찬하면서 키워라', '아이를 칭찬하는 방법' 같은 제목의 책이 대거 출판되고 있다.

이런 현상은 아이들뿐만 아니라 어른들의 세계에서도 그대로 통한다. 즉 칭찬을 통해 인재를 육성해야 한다는 주장이 상식처럼 받아들여지고 있는 것이다. 그래서 부하 직원의 의욕을 이끌어내고, 사기를 높이는 '칭찬의 기술'에 관한 책과 교육 프로그램이 넘쳐난다.

하지만 이런 통설이 과연 진정으로 옳은 것인지를 점검해 볼 필요가 있다고 생각한다. 그런 의미에서 나는 다음과 같은 의문을 갖게 되었다.

칭찬 육아법은 진정으로 아이를 위한 교육 방법일까?

칭찬이 아이의 자주성을 빼앗고, 자존심에 상처를 입히는 것은 아닐까?

착한 아이인 척 연기하는 아이들

다른 부모들과 이야기를 나누다 보면 "칭찬하면서 기른다."라는 말을 자주 듣는다. 그럴 때마다 한편으로는 지금까지 좋게만 여기던 칭찬이 '혹시 아이를 망치고 있는 건 아닐까?' 하는 조바심이 들기도 한다.

일종의 '착한 어린이 증후군'이라고 해야 할까?

아이들에게는 부모나 선생님으로부터 '착한 아이'라는 칭찬을 듣고 싶어 하는 속성이 있다. 그렇다 보니 아이들의 입장에서는 착한 아이로 보이기 위해 필사적으로 연기한다. 그리고 착한 아이가 되려고 항상 엄마의 눈치를 살피다가 결국에는 자기다움을 잃어버리고 만다.

칭찬을 받으며 자란 아이는 칭찬해 주는 사람이 있는 좁은 세계에서만 살 수 있다. 결과적으로 집에 틀어박혀 밖으로 나가지 않게 된다. 최근에 은둔형 외톨이 아이들이 늘고 있다는 점을 통해서 문제의 심각성을 확인할 수 있다.

칭찬만 받고 자란 아이들은 특정한 공간에서 지낼 때는 문제가 없지만, 상대해 주는 사람이 없으면 문제를 일으키기도 한다. 또한 이런 아이들은 무슨 일이든 항상 부모가 정해 주어야 하고, 세상의 가치 기준에 따라 끌려다니 듯 따라간다. 자기 스스로는 결정을 내리지 못하고 누군가가 '지시해 주기를 기다리는 인간'으로 성장해 가는, 즉 무책임한 어른이 되고 마는 것이다. 심지어 실패를 두려워한 나머지 기존의 틀에서 벗어나 새로운 것에 도전하지 못하는 나약한 사람이 되고 만다.

우리들의 어린 시절을 생각해 보자. 그 당시에는 칭찬을 받는 일이 드물었을 뿐만 아니라, 칭찬을 받지 못하고 자란 아이들도 멋지고 훌륭한 사람으로 성장했다.

집과 학교, 학원 등에서 칭찬만 받고 자란 아이가 성인이 되어 사회로 나갔을 때도 과연 어린 시절처럼 자신을 칭찬해 주는 사람이 주변에 있을까? 불행하게도 그런 일은 없다.

칭찬받는 것에만 익숙한 사람이 칭찬해 주는 사람이 없는 사회로 나왔을 때, 그는 과연 어디에서 동기를 부여받고 의욕적인 삶을 살아갈 수 있을까? 이런 관점에서 칭찬의 의미와 역할이 무엇인지, 칭찬 육아법이 진정으로 올바른 양육 방법인지, 그리고 칭찬 육아법이 아이에게 어떤 영향을 미치는지에 대해서 진지하게 생각해 보자.

> 부모와 선생님에게 '착한 아이'라는 칭찬을 듣고 싶어 하는 아이는 적극적으로 착한 아이인 척 연기하면서 눈치를 살핀다. 그 결과 아이는 '자기다움'을 잃고 만다.

칭찬은 '너'가 주어인 '평가' 도구다

칭찬의 정확한 의미는 무엇일까?

먼저 이 책에서 다룰 칭찬의 정의에 대해서 알아보자.

칭찬은 한마디로 '평가'다. 우리가 아이들을 칭찬해 줄 때 흔히 사용하는 표현인 "잘하는구나!", "대단하구나!", "착한 아이구나!"라는 말에는 평가의 의미가 담겨 있다. 그리고 한 가지 더 덧붙이자면, 칭찬은 '너(당신)'를 주어로 삼는 표현이 일반적이다.

"너는 착한 아이구나!"

"너는 참 대견스럽구나!"

"너는 훌륭한 아이구나!"

어떤가? 우리가 칭찬할 때 사용하는 모든 문장의 주어는 '너'로 시작하고, '착한', '대견한', '훌륭한' 등의 표현은 모두 평가할 때 쓰는 말이다. 그리고 '너'와 '평가' 사이에 어떤 말을 넣어도 똑같다.

"어머, 네가 1등을 했구나. 잘했어!"

"네가 만점을 받았다니, 너무 대견스럽구나!"

"어머, 인사를 참 잘하네. 넌 역시 착한 아이구나!"

"너 혼자 집을 보다니, 참으로 대견스럽구나!"

칭찬을 할 때는 평가의 의미가 담겨 있지 않은 말을 사용하거나 주어가 '나(자신)'가 되는 말(고맙다, 나는 너무 기쁘다 등)을 사용해야 한다고 조언하는 책도 있지만, 여기서는 다루지 않기로 한다.

Point!

칭찬은 '너(상대방)'가 주어가 되는 '평가'의 의미가 담긴 표현이다.

칭찬을 이용하면 협박이 된다

"우리 딸은 엄마도 잘 도와주고. 착하기도 하지."

부모들이 아이에게 자주 해 주는 칭찬이다. 이번에는 '착한 아이' 라는 칭찬의 이면에 어떤 의미가 숨겨져 있는지 살펴보자.

부모의 입장에서 무심코 건네는 칭찬이지만, 아이의 입장에서 보면 '부모를 도와주는 아이는 착하다' 라는 칭찬을 '부모를 도와주지 않으면 나쁜 아이'라는 의미로 받아들일 수 있다. 실제로도 그런 표현 속에는 '착한 아이는 필요하지만, 나쁜 아이는 필요 없어!', '착한 아이는 내 자식이지만, 나쁜 아이는 내 자식이 아니야!'라는 의미가 숨어 있다. 그렇다 보니 아이들은 '필요 없는 아이', '다른 집 자식'이 되고 싶지 않기 때문에 착한 아이가 되기 위해 열심히 노력한다. 당신은 이런 사실을 알고 있었는가?

그러므로 위에서 예로 든 식의 칭찬은 '착한 아이'라는 평가, 즉 보상(대가)을 제시하고 나서 그것을 이용하여 아이를 조종하려는 것과 같다. 과연 이런 방법이 자녀 교육에 도움이 되는 것일까?

애정을 대가로 삼으면 아이를 불안하게 만든다

더 나아가 아이를 조종하려는 식의 칭찬은 부모를 도와주면 사랑을 주지만, 그렇지 않으면 사랑을 주지 않겠다고 말하는 것과 같다. 특히 엄마가 사용할 경우에는 아이에게 '협박'이 되기도 한다.

자녀들에게 부모, 특히 엄마의 사랑은 절대적이다. 더군다나 유년 시절에는 아이가 엄마로부터 사랑을 받고 있다는 안정감을 갖도록 양육하는 것이 매우 중요하다.

아이는 안정감 속에서 '세상이 자기를 받아 준다는 것',

그리고 '세상은 믿을 만한 곳'이라는 기본적인 신뢰감을 형성한다. 그리고 자신에 대한 믿음을 바탕으로 다른 사람과의 차이점을 인정하고, 다른 사람을 사랑할 수 있게 된다.

아이가 엄마에게 따뜻한 사랑을 받고 있다는 느낌을 '모자母子 일체감'이라고도 하는데, 이러한 감정에 의해 아이가 느끼는 것을 엄마도 똑같이 느낀다고 한다. 그래서 아이는 엄마가 자신이 원하는 방향으로 문제를 해결해 줄 수 있고, 자신을 만족시켜 줄 수 있다고 생각한다.

그런데 아이가 모자 일체감이 제대로 형성되지 않은 채 성인이 되면 어떻게 될까? 엄마로부터 사랑을 받지 못한 아이는 마음 한구석에 빈자리가 생기고, 어른이 되어서도 마음속 빈자리를 채우기 위해 계속해서 사랑을 갈망하게 된다. 그 결과 자기 말을 들어주지 않거나 자기 뜻에 따르지 않는 사람을 적으로 돌린다. 또한 자신의 의견과 다를 경우에는 상대방과 타협점을 찾지 못하여 자기중심적인 사람이 될 가능성이 매우 높다.

그렇다면 아이에게 절대적으로 필요한 '사랑을 받고 있다'는 감정을 '대가'로 이용하면 어떻게 될까? 아이의 입장에서 볼 때 자신이 사랑을 받지 못한다는 감정은 자신의 존재 자체를 뒤흔드는 것과 같다. 그래서 사랑받고 싶다거나 착한 아이라는 칭찬을 듣고 싶은 불안감 때문에 부모의 말을 듣게 된다. 즉 부모가 자기를 '착한 아이'로 생각하게 만들기 위해 부모를 도와주는 것이다.

어린이집이나 유치원, 초등학교에 가보면 이와 비슷한 칭찬을 하는 선생님이 있다.

"보라는 벌써 준비를 다 했구나. 착하네!"

이런 칭찬에도 '빨리 준비했다 → 착한 아이 → 선생님의 사랑을 받는 아이 → 다른 아이들은 아직 못했다 → 나쁜 아이 → 선생님의 사랑을 받지 못하는 아이'라는 의미가 숨어 있다. 이 또한 일종의 협박이고, 아이들을 조종하려는 칭찬에 지나지 않는다.

Point!

칭찬에는 '착한 아이'가 되면 사랑해 주겠다는 의미가 담겨 있다. 그래서 사랑받고 싶어 하는 아이에게 이런 칭찬은 '협박'처럼 들릴 수 있다.

자기 긍정심이 없으면 외톨이가 된다

칭찬을 받지 못한 아이는 자신의 인격이 무시당했다고 생각하기 때문에 자존심에 상처를 입기 쉽고, 다른 사람을 인정하지 못하는 독선적인 성격으로 바뀔 가능성이 매우 높다. 이는 칭찬을 받지 못한 아이만의 문제가 아니라, 칭찬을 받은 아이도 마찬가지다.

이러한 현상의 원인은 칭찬을 받지 못할 경우에 '사랑'이라는 대가를 받지 못할까 봐 두려움을 느끼기 때문이다. 그 결과 아이들은 항상 부모나 선생님, 주변 사람들의 시선을 의식하게 된다. 또한 무언가를 결정할 때도 다른 사람의 가치 기준을 우선시하여 그것에 맞추려고 한다. 점차 자신의 존재감을 잃어 가는 것이다.

자존심과 자기 긍정심을 키워야 하는 이유

그렇다면 자존심은 무엇인가?

사람에게 있어 자존심은 자신을 긍정적으로 바라보며, 자신의 인격을 소중히 여기는 마음이다. 이러한 마음을 '자기 긍정심'이라고도 한다. 영어로는 'self-esteem', 즉 '자부심' 또는 '자아 존중감'이라고 한다.

자존심과 자기 긍정심은 자기답고 당당하게 살아가기 위해서 반드시 필요하다. 자존심이 올바르게 형성되면 자신의 장점을 알게 되고, 자신이 좋아하는 것이나 자신이 하고 싶은 것을 발견할 수 있다. 그 결과 만족스럽고 행복한 삶을 보낼 수 있다.

자존심은 다른 사람과 비교해서 자신이 잘났다고 생각하는 '우월감'과는 전혀 다른 개념이다. 우월감이나 열등감은 다른 사람의 평가에 의한 것이지만, 자존심과 자기 긍정심은 자기 스스로 느끼는 것이다.

우리 주변을 둘러보더라도 자존심과 자기 긍정심이 높은 사람은 다른 사람을 소중히 여길 뿐만 아니라, 다른 사람의 장점을 인정하고 받아들인다.

이와 반대로 자존심과 자기 긍정심이 부족한 사람은 자기 자신을 사랑하지 못하고, 자신을 소중히 여기지 못한다. 또한 다른 사람의 장점도 인정하지 못한다. 때로는 뒤에서 남을 욕하거나 방해하고, 항상 자신과 다른 사람을 비교하여 질투를 하거나 원망하기도 한다. 심한 경우에는 다른 사람의 단점을 찾아내 괴롭히고 따돌리기까지 한다. 다른 사람을 깎아내림으로써 자신이 우위에 있다고 느끼는 우월감을 유지하려는 것이다.

하지만 우월감에 빠지면 다른 사람의 가치 기준과 시선을 너무 의식한 나머지 자기답고 당당한 삶을 살 수 없게 된다. 또한 우월감을 유지하고 있을 때는 상관없지만, 그 우월감에 상처를 입게 되면 자기 자신을 가치 없는 하찮은 인간으로 생각하게 된다. 그 결과 극심한 스트레스로 마음의 병, 즉 우울증을 앓거나 은둔형 외톨이가 되는 경우도 있다. 그중에는 스스로 소중한 생명을 끊는 사람도 있다.

재단법인 '일본 청소년 연구소'의 조사 자료(2002년)에 의

하면, 일본 아이들은 다른 나라 아이들에 비해 자기 긍정심이 낮다고 한다. '자신이 다른 사람에게 뒤처지지 않고, 가치 있는 사람이라고 생각하는가?'라는 질문에 '그렇다'라고 대답한 중학생이 미국은 51.8%, 중국은 49.3%인데 반해 일본은 8.8%로 매우 낮았다.

우리 아이들의 자기 긍정심이 낮은 이유는 무엇일까? 내 생각으로는 다양한 가치관을 인정하지 않는 우리 사회의 풍토, 동일한 가치 기준으로만 평가하는 학교 교육 및 부모들에게 그 원인이 있다고 본다.

Point!

성장기의 아이들에게는 자기를 사랑하고 소중히 여기는 '자기 긍정심'이 매우 중요하다. 하지만 칭찬 육아법은 자기 긍정심이 낮은 아이로 키울 가능성이 높다.

칭찬은 따돌림의 원인이 되기도 한다

앞에서 말한 것처럼 자기 긍정심이 낮은 사람은 다른 사람을 괴롭히거나 따돌리는 성향을 보인다. 그런데 어떤 하나의 기준에 따라 아이들을 칭찬하거나 평가하는 교육 방법 자체가 '따돌림'의 원인이 되기도 한다. 예를 들어, 학교에서 선생님이 학생 한 명만 칭찬한다면 어떤 일이 벌어질까?

"보라는 수학에서 만점을 받았구나. 참 잘했다. 애들아, 보라를 본받아서 열심히 노력하자!"

선생님이 이렇게 말하면, 다른 학생들은 어떤 생각을 하게 될까? 물론 선생님의 말씀을 듣고 '그래, 나도 열심히 해야지!'라고 다짐하며 노력하는 아이들도 있을 것이다. 하지만 한 학생만 칭찬하고 다른 학생을 칭찬하지 않는 것은 그 학생만 착한 아이이고, 상대적으로 다른 학생들은 착한 아이가 아니라는 의미로 전달될 수도 있다.

선생님에게 인정을 받고 싶어도 만점을 받지 못하는 아이들 중에는 열심히 노력하지 않은 자신에게 잘못이 있으면서도 칭찬받은 아이가 못마땅해서 못살게 구는 아이도 있을 것이다. 왜냐하면 자신마저 칭찬받은 아이를 '착한 아이'로 인정해 버리면 상대적으로 자신의 가치가 낮아지는 기분이 들기 때문이다. 그런 이유로 칭찬받은 아이를 공격하여 우월감을 느끼고, 선생님에게 인정받지 못했던 자신의 불만을 해소한다.

자녀들을 대하는 부모의 태도도 마찬가지다.

"보라는 항상 1등이구나. 장하다, 우리 딸!"

이렇게 말하며 1등을 하지 못하는 언니 앞에서 동생만 칭찬한다면, 언니는 자존심이 상할 것이다. 심한 경우에는 성격이 비뚤어지고, 부모가 없을 때 동생을 못살게 굴지도 모른다.

어른들의 세계에서도 마찬가지다.

여러 기업에서 성과주의를 기반으로 하는 평가 제도를 도입한 이후부터 직원들의 사기가 떨어졌다는 이야기가 터져 나오고 있다. 고성장 시대에는 이런 제도가 제 기능을 했지만, 성장이 더딘 침체기에는 제 기능을 하지 못한다. 특히 평가 제도와 구조 조정을 동시에 도입한 기업에서는 동료 직원이 좋은 평가를 받을수록 자신은 해고될 가능성이 높아질 것이라는 불안감 때문에 동료 직원을 시기하거나 비방하기도 한다.

"저 자식은 어차피 저 정도 밖에 못해!", "잘 보이려고 저러는 거야!", "일은 잘 하지만, 인간성은 별로야!"라는 식으로 단점을 찾아내 끌어내리고, 직접적으로 상대방을 공격하기도 한다. 함께 성장하고, 함께 발전하면서 정정당당하게 승부를 겨룰 수 없는 환경에서는 그렇게 행동할 수밖에 없다.

평가에 집착하면 따돌림으로
현실감을 얻으려고 한다

다른 사람을 괴롭히거나 따돌리는 행동은 자신의 위치가 명확하지 않은 불안감에서 나오는 경우가 많다.

칭찬 혹은 점수와 같은 단일 기준에 의한 평가의 세계는 실제가 아닌 가상이다. 예를 들어, '학교 평가 2등급'이라는 기준에 실체가 있는가? 순위를 따지는 수치만 있을 뿐이다. 어떤 교육 방침을 도입하고 있는지, 어떤 역사를 가지고 있는지, 학풍과 시설은 어떤지 등을 등급만으로는 아무것도 알 수 없다.

이와 마찬가지로 "잘한다.", "훌륭하다."라는 말도 실제로는 아무것도 없는 가상일뿐이다. 때문에 현실감이 없는 세계에 살게 되면, 인간은 누군가를 괴롭히고 따돌리거나 그 사람 위에 서서 현실감을 얻으려고 한다.

실제로 '따돌림'이라는 극단적인 행동까지는 아니더라도, 다른 사람의 실패에 대해 이야기하는 것을 즐기는 사람들이 많다. 또한 그런 이야기가 화제가 되면 귀를 쫑긋 세우는 사람들도 많다. 사람들은 자신의 현재 위치를 유지하기 위해, 그리고 다른 사람보다 높은 위치에 서기 위해 다양한 방법을 사용한다. 하지만 이런 행동은 품격 있는 사람, 자존심 있는 사람이 취해야 할 바람직한 태도는 아니다.

Point!

평가에 집착하여 한 명만 칭찬하면 다른 아이들이 그 아이를 괴롭히거나 따돌리는 일이 벌어진다.

칭찬에 익숙한 아이는
혼자 결정하지 못한다

"엄마, 컴퓨터 사용해도 돼? 괜찮아?"

주변을 둘러보면 아무리 사소한 일도 스스로 결정하지 못해서 부모에게 물어보는 아이들이 많다. 칭찬 육아법으로 키운 아이는 칭찬을 받을지, 꾸중을 들을지 알 수 없는 불안감 때문에 사소한 행동을 할 때도 꼭 부모의 허락을 받으려고 한다.

그런 아이들이 부모와 나누는 대화를 살펴보자.

"엄마, 용돈으로 이 장난감 사도 돼?"

"그러렴."

"엄마, 이거랑 저거랑 어떤 게 더 괜찮아?"

"둘 다 괜찮은데."

"그럼, 내가 정해도 돼?"

또는 "엄마, 컴퓨터 게임 해도 돼?", "엄마, 이 옷 입을까?", "이 과자 먹어도 돼?", "친구랑 놀아도 돼?"라고 뭔가를 할 때마다 부모의 허락을 받으려는 아이가 적지 않다. 혹시 당신의 아이도 그렇지 않은가?

아이 스스로 선택하고 결정하도록 유도하라

아이가 어릴 때는 부모가 돈 관리나 식사를 어느 정도 챙겨 줘야 한다. 하지만 초등학생이 되어 용돈을 주기 시작하면, 아이의 용돈 사용에 관여하는 비중을 조금씩 줄여 나가야 한다. 아이들은 용돈을 헛되이 쓰거나 과소비를 해서 부족한 상황을 경험하기도 하고, 그런 경험이 쌓여야만 자연스럽게 용돈 관리 방법을 알게 된다.

용돈뿐만 아니라 옷, 친구, 장난감 등 사소한 것들도 마찬가지다. 아이가 스스로 결정하는 경험을 반복해야 다양한 것을 배울 수 있고, 자기 행동에 책임질 줄 아는 인간으로 성장할 수 있다.

그런데 부모가 아이의 자발적인 성장의 힘을 믿지 못하고 주변의 평가에만 신경을 쓴다면 어떻게 될까? 그런 부모는 아이의 행동을 하나하나 지시하고 결정할 뿐만 아니라, 부모가 정해 준 길로 가도록 강요하는 경우가 많다. 그리고 실제로도 부모가 의식하는 주변의 평가는 아이를 위해서가 아니라, 부모 자신을 위한 경우도 적지 않다.

부모가 자신이 원하는 대로 아이를 조종하게 되면, 아이는 스스로 판단하고 행동하지 못하는 의존적인 인간이 되고 만다. 또한 '엄마가 괜찮다고 했으니까 문제없어!'라고 생각하여 다른 사람에게 책임을 떠넘기는 무책임한 인간으로 자라게 된다.

따라서 아이가 스스로 선택하고, 결정하고, 책임지도록 키워야 한다. 아이가 할 수 있는 일은 스스로 하도록 내버려 두고, 혼자 결정할 수 있는 정도의 일은 아이에게 맡기는 것이 좋다.

부모는 아이가 성공하든 실패하든 다양한 경험을 쌓도록 도와주어야 한다. 아이에게 성장의 발판이 되는 경험의 기회를 부모가 빼앗아서는 안 된다. 부모는 그저 아이 곁에서 지켜봐 주기만 하면 된다. 오늘부터라도 아이가 "~해도 돼?"라는 질문을 지나치게 많이 하지는 않는지 유심히 살펴보자.

Point!

> 칭찬은 스스로 결정하지 못하는 아이를 만든다. 혹시 당신의 아이가 "~해도 돼?"라는 질문을 자주 하지 않는가?

지시를 기다리는 아이는
리더가 될 수 없다

칭찬과 평가만 듣고 자란 아이는 커서 리더가 되지 못할 가능성이 높다. 본래 칭찬은 위에서 아래로 향하는 것으로, 칭찬을 주고받는 관계는 대등한 관계가 아니다. 그래서 칭찬만 받고 자란 아이는 자신이 아래에 있고, 누군가의 위에 서는 일은 상상도 하지 못한다.

또한 남의 시선과 평가 기준에 맞추며 성장하기 때문에 누군가가 '좋다', '나쁘다'를 판단해 주거나 선택해 주지 않으면 혼자서는 아무것도 결정할 수 없게 된다. 그 결과 어른이 되어서도 업무를 지시해 주거나 문제를 제시해 주지 않으면 어떤 일도 할 수 없는 사람이 되고 만다. 즉 결단을 내리고 책임지는 리더로 성장할 수 없는 것이다.

만약 당신의 자녀가 성장하여 사회로 나갔을 때, 리더가 될 수 없다면 어떻겠는가? 그래도 괜찮은가?

요즘 학생들 중에는 어른이 되기도 전에 이미 초등학교나 중학교에서조차 책임지는 일을 회피하려는 아이들이 많다. 학급 임원이나 학생회 임원을 뽑을 때도 어떻게 해야 할지 모르겠다거나 귀찮다거나 자신이 없다는 이유로 맡지 않으려는 아이들이 많다.

미래 사회는 스스로 문제를 찾아 해결하는 사람이 필요한 시대

오늘날 우리 사회는 엄청난 속도로 변화하고 있다. 그래서 '답이 없는 시대'에 살고 있다는 말도 나온다. 기존의 해결 방식으로는 대처할 수 없는 문제들이 여기저기서 터져 나오고 있는 것이다.

기업을 예로 들면, 사장은 물론 부장, 과장 등의 리더들도 스스로 문제를 찾아내 판단하고 해결하지 않으면 안 되는 상황에 놓이게 되었다. 즉 더 이상 사장 한 사람의 판단에만 의지할 수 없게 된 것이다. 또한 말단 직원들도 그저 주어진 일을 성실하게 수행하는 것만으로는 회사의 성장에 기여할 수 없는 시대가 되었다. 따라서 뛰어난 리더가 되려면 스스로 문제를 찾고 해결할 수 있어야 한다.

이러한 시대에 윗사람의 평가에만 신경을 쓰는 성실한 수재는 리더의 자리에 오르지 못한다. 그리고 앞으로 다가올 답이 없는 시대, 즉 스스로 답을 찾아내고, 때로는 새로운 것을 창조해 내야 하는 시대에는 뛰어난 인재로 활약할 수 없다.

요즘 부모들은 자녀가 취직만 되면 사장이 되지 못해도 괜찮다고 생각할지 모른다. 하지만 회사에 불필요한 인재가 될 가능성도 있다는 점을 배제할 수 없다. 또한 경우에 따라서는 다른 사람에게 이용을 당할 수도 있다.

하지만 안타깝게도 우리의 교육 현실은 정해진 답을 찾는 것에만 중점을 둔다. 개인적인 생각이지만, 이는 시대에 맞지 않는 낡은 교육 방법이라고 생각한다. 앞으로는 스스로 해결 방법을 생각하거나 답이 정해지지 않은 문제에 대해 토론하고, 다양한 가치관을 가르치는 교육으로 바꾸어야 한다. 물론 학교 교육의 방침이 개인이나 소수의 의견으로 쉽게 바뀔 것이라고 기대하지는 않는다. 하지만 적어도 가정에서만큼은 학교와 사회에서 획일적으로 제시하는 가치관 이외의 다양한 가치관을 아이에게 심어 주었으면 좋겠다.

Point!

다른 사람의 시선이나 평가 기준에 맞추며 성장한 아이는 스스로 판단하고 결정할 수 있는 능력이 떨어지기 때문에, 사회에 나가서도 리더로 성장할 수 없다.

질책이나 꾸중이 잦으면
책임감 없는 아이로 성장한다

만약에 아이가 혼날 만한 일을 저질렀다면, 당신은 어떻게 행동하는가?

"그 아이가 잘못한 거야!"

"그 아이 탓이야!"

이렇게 말하면서 책임을 다른 아이에게 돌리려고 하지 않는가? 또는 "그게, 그러니까……"라고 얼버무리면서 핑계를 찾지는 않는가?

남의 탓으로 돌린다거나 다른 사람에게 책임을 떠넘기는 것, 또는 다른 데서 원인을 찾으려는 것은 '나는 잘못한게 없어, 내 책임이 아니야!'라는 의도에서 책임을 회피하려는 행동이다.

물론 자신에게는 잘못이 전혀 없고, 다른 사람의 잘못인 경우도 있다. 하지만 자신에게도 조금의 잘못이 있거나 원인을 제공한 경우에도 무조건 남의 탓으로 얼버무리려는 버릇이 있다면, 이는 매우 위험하다. 이런 아이들은 스스로 책임지려 하지 않을 뿐만 아니라, 무슨 일에서든 도망치려는 인간이 될 수 있다.

항상 다른 사람의 시선이나 평가에 신경을 쓰는 아이는 자신이 저지른 실수의 원인도 외부에서 찾기 쉽다. 이런 아이들의 부모는 칭찬 육아법을 고수하거나 혹은 아이가 옳지 못한 일을 했을 때 공통적으로 이렇게 꾸짖는다.

"왜 그런 짓을 했어?"

"엄마가 하라는 대로 왜 안하니?"

"왜 이렇게 간단한 걸 못하니? 칠칠치 못하게."

이런 질책과 꾸중을 들으면 아이는 "그게, 그러니까……" 하는 식으로 핑계를 댈 수밖에 없다. 왜 그랬는지 이유를 묻기 때문이다. 또한 아이들은 어리기 때문에 이유를 잘 모를 때도 필사적으로 이유가 될 만한 것이나 핑계를 댈

만한 사람을 찾게 된다. 그렇기 때문에 아이에게 이유를 따져 묻거나 이유를 찾게 만들면, 원인은 자신이 아니라 다른 사람에게 있다는 오해를 심어 줄 수 있다.

Point!

아이에게 "왜?", "이유가 뭐니?"라고 다그치면 원인을 밖에서 찾거나 핑계를 대기 쉽고, 책임을 회피하는 아이가 된다.

칭찬받는 아이는
나약한 사람이 되기 쉽다

일정한 가치 기준 속에서 자라거나 평가를 받으며
자란 아이, 즉 칭찬 육아법으로 키운 아이는 정해진 틀 안
에서 살 수밖에 없다. 그 결과 다양한 가치가 있다는 것을
모르고, 알려고도 하지 않기 때문에 일정한 틀 속에서 벗
어나지 못하는 사람이 되고 만다.

예를 들어, 부모가 아이의 적성을 살려 주거나 삶의 보
람을 느끼게 해주기보다는 일류 대학에 진학하는 것, 대기
업에 취직하는 것만을 목표로 아이를 키운다면 어떻게 될
까? 그렇게 되면 아이는 자신이 무엇을 좋아하고, 무엇이

되고 싶은지에 대해 생각해 보지 못한 채 성장한다. 그 결과 오직 자신의 성적에 따라 대학과 전공을 선택하고, 부모가 원하는 회사에 취직한다.

칭찬만 받고 자란 아이는 농사일에 도전해 보겠다거나 전문 기술자가 되어 보겠다거나 독립해서 새로운 사업을 해보겠다거나 비영리 법인을 만들어 사회에 기여하고 싶다는 등의 발상 자체를 하지 못한다. 어렸을 때부터 정해진 틀 안에서 부모와 주변 사람들, 혹은 누군가가 만들어 놓은 가치 기준에 맞춰 사는 것에 익숙해졌기 때문이다.

하지만 지금은 직업과 직장을 불문하고 주어진 일과 정해진 방식대로만 하면 되는 시대가 아니다. 치열한 경쟁에서 살아남기 위해서는 기존의 틀에 얽매이지 않은 창의적인 발상이 요구된다. 오늘날의 사회는 기존의 매뉴얼에 없는 새로운 문제들이 계속해서 벌어지기 때문이다. 따라서 일정한 틀 안에 얽매여 그 안에서만 살아온 사람은 더 이상 사회에서 원하는 인재가 될 수 없다.

실패가 두려워 한 발짝도
내딛지 못하는 아이

부모에 의해서든 교육 방식에
의해서든 정해진 틀 속에 갇혀 살아온 사람은 새로운 일에
도전하고 싶다는 생각을 하지 못한다. 설령 새로운 세계에
도전하고 싶은 마음이 생겨도 실제 행동으로 옮기지 못한
채 돌아서고 만다. 실패에 대한 두려움 때문에 선뜻 한 발
을 내딛지 못하는 것이다.

특히 요즘은 어렸을 때부터 실패하는 것이나 새로운 환
경에 노출되는 것을 두려워하는 아이들이 많아졌다. 예를
들어, 축구 클럽에 들어가고 싶어 하면서도 아는 친구가
없다며 들어가지 않는다. 또는 무인도 캠프에 관심이 있으
면서도 부모와 떨어져서 혼자 가는 것이 무섭다고 한다거
나 친구들과의 경쟁에서 지는 것이 싫다면서 수학 경시 대
회에 나가지 않겠다고 하는 아이들도 있다.

그런데 자세히 살펴보면, 이런 아이들의 부모는 자식이
실수하지 않도록 미리 장애물을 제거해 주거나 어려움을
겪지 않도록 도와주는 경우가 많다.

좋은 결과를 만들어 내면 칭찬을 받지만 잘못하면 꾸중

을 들으며 자란 아이, 혹은 넘어지기도 전에 부모가 장애물을 미리 해결해 준 아이는 실패했을 때 자신에게 돌아올 나쁜 평가를 두려워한다. 그리고 뭔가 새로운 것에 도전하고 실패하면서 또 다시 도전하는 경험을 맛보지 못한다. 그래서 예측할 수 없는 일이 일어나면 어떻게 대처해야 할지 몰라서 불안에 떤다. 한 마디로 '나약한 인간'이 되고 마는 것이다.

그런데 실패를 두려워했던 아이가 어른이 되면 어떻게 될까? 어른이 되어 사회에 나가면 부모는 더 이상 옆에서 도와줄 수 없다. 또한 앞으로 다가올 미래에는 부모들 세대의 사고방식이 더 이상 통하지 않는다.

따라서 부모는 아이가 도전하는 과정을 통해서 성공과 실패의 경험을 많이 쌓을 수 있도록 적극적으로 도와주어야 한다. 어린 시절에 겪었던 성공과 실패의 경험은 훗날 어른이 되어서 '세상을 살아가는 힘'이 된다.

Point!

부모가 정해 놓은 가치 기준 속에서 자란 아이는 정해진 틀을 넘지 못할 뿐만 아니라, 넘으려는 발상 자체를 하지 못한다. 그 결과 실패가 두려워 새로운 것에 도전하지도 못한다.

칭찬이 아이의 성장을 멈춘다

아이가 칭찬이나 평가에 사로잡히면 일정한 틀 안에서 살게 된다고 앞에서 언급했다. 실제로도 칭찬을 계속하게 되면, 무한한 가능성을 지닌 아이의 성장이 일정 수준에서 멈추고 마는 역효과를 가져온다.

예를 들어 각종 시험에서 만점을 받거나 운동 경기에서 1등을 기록하는 것처럼, 정해진 기준에 도달하는 것에 가치를 두는 칭찬을 반복하면 그것이 아이의 목적과 목표가 된다. 그 기준에서 더 나아가 좀 더 어려운 문제를 풀어 보겠다거나 시험에 나오지는 않지만 관련된 지식을 더 공부해 보겠다는 시도를 하지 않는다.

즉 부모가 정해 준 틀이나 기준에 맞춰 놓고 '이 정도면 만점을 받을 수 있으니까 괜찮아!', '1등을 했으니까 이제 됐어!'라고 생각하여 좀 더 발전하겠다는 그 이상의 노력을 하지 않는 것이다.

본래 배움이란 호기심을 가지고 오감을 활용해서 무언가를 조사하거나 조금씩 새로운 것을 알아가는 과정이다. 그리고 이런 과정을 즐기면서 더 알고 싶은 마음에 스스로 탐구해 나가는 것이다. 문제를 풀거나 해법을 찾는 것도 배움의 즐거움이다. 또한 사람에게 있어서 배움은 살아 숨쉬는 가치를 느끼게 해주는 소중한 존재이기도 하다.

그리고 공부와 운동, 기술의 세계에는 한계가 없다. 하지만 아이가 일정한 수준에 도달했을 때, 부모가 아이를 칭찬해 주면서 그 이상의 목표를 제시하지 않으면, 아이는 그 상태에서 만족하여 더 이상의 성장을 멈추고 만다.

Point

'100점', '1등'처럼 일정 수준에 도달한 것을 기준으로 칭찬을 하면, 아이들은 그 이상의 노력을 하지 않게 된다.

칭찬을 반복하면 현실에서
멀어지게 된다

칭찬을 반복하면 아이는 현실에서 점점 더 멀어지게 된다. 예를 들어, 아이가 설거지를 도와주는 상황을 떠올려 보자. 설거지를 하면 현실 세계에서 아이에게 어떤 일이 일어날까?

아이는 세제를 사용하여 그릇에 묻은 기름 찌꺼기가 깨끗이 닦이는 것을 배우게 된다. 그러면 깨끗하게 닦여진 그릇을 보고 기분이 좋아질 것이다. 또한 어떤 순서로 닦으면 효율적인지를 알게 되고, 설거지를 마친 후에 손이 거칠어진 이유에 대해 궁금해 하는 등 다양한 것들을 경험한다.

또한 아이가 설거지를 도와주면 엄마는 "우리 딸 덕분에 엄마가 하던 일을 마칠 수 있었단다. 엄마에게 큰 도움이 됐단다."라고 말하며 고마워한다. 아이도 엄마를 위해 자신이 뭔가를 했다는 생각에 기뻐할 것이다.

그런데 엄마가 다음과 같은 말로 상황을 얼버무린다면, 어떻게 될까?

"우리 딸이 도와주다니, 아주 잘했구나!"

"설거지를 도와주다니, 우리 딸 참 착하기도 하지."

'잘했다', '착한 아이구나' 같은 표현은 알맹이가 없는 비현실적인 말이다. 즉 현실에서 쌓은 풍부한 경험이나 그것에서 얻은 배움, 느낌 등이 불명확한 말로 정리되고 만다. 이처럼 의미가 없는 칭찬을 반복하면, 아이들은 현실의 인간답고 다면적인 세계에서 멀어지고 만다. 그 결과 아이들은 현실 세계에서 오감을 통해 다양한 것을 체험하고, 기쁨과 슬픔, 감사함 등의 감정을 직접 느낄 수 있는 기회를 갖지 못하게 된다.

감성이 부족하면 무뚝뚝한 아이가 된다

'대단하구나!', '착한 아이구나!' 같은 표현으로 상황을 얼버무리면, 아이는 현실에서 누군가를 도와준 것에 대해 기쁨을 느끼지 못한다. 또한 부모가 지켜보지 않는 곳에서는 다른 사람의 어려움을 도와주지 않는 사람이 될 수도 있다. 현실에서의 감정을 느끼지 못하면 감수성이 부족하거나 표정의 변화가 없는 무감각한 아이가 될 수도 있다.

자녀 교육에서 '평가'하는 방식의 양육법은 하나의 기준으로 아이를 측정하는 도구에 불과하다. '50'이나 '80', '100'이라는 숫자로 아이의 능력을 평가하는 비현실적인 방법으로서 일차원적인 세계라고 할 수 있다. 예를 들어 '좋다'와 '나쁘다', '옳다'와 '그르다'처럼 '착한 아이'와 '나쁜 아이'로 나누는 매우 비인간적인 방법인 것이다.

부모는 자녀를 교육시킬 때 아이를 있는 그대로의 모습으로 살펴야 한다. 그렇게 하지 않고 단순히 '좋다'와 '나쁘다'로 뭉뚱그려 판단하는 행동을 반복하면, 아이는 현실에 적응하지 못하여 은둔형 외톨이가 되고 만다.

시험 점수나 '좋다', '나쁘다'처럼 일차원적인 기준으로만 평가하면 아이는 현실에서 점점 더 멀어지게 된다.

②

바이탈리티 사이클을
활성화시켜라

'아이에게는 세상을 살아가는
힘이 필요하다.'

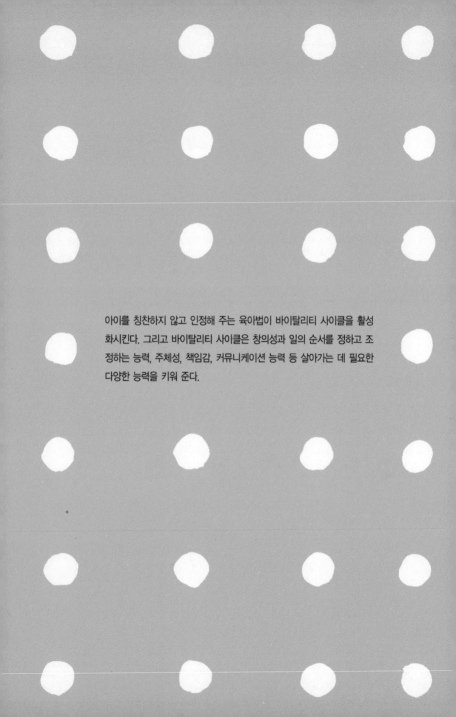

아이를 칭찬하지 않고 인정해 주는 육아법이 바이탈리티 사이클을 활성화시킨다. 그리고 바이탈리티 사이클은 창의성과 일의 순서를 정하고 조정하는 능력, 주체성, 책임감, 커뮤니케이션 능력 등 살아가는 데 필요한 다양한 능력을 키워 준다.

칭찬하는 것과 인정하는 것의 차이는 뭘까?

우리는 앞에서 '칭찬'이 아이에게 미치는 부정적인 영향에 대해 알아보았다. 앞의 내용을 읽고 나서 이런 걱정을 하는 부모들이 있을지 모르겠다.

"우리 아이도 스스로 결정하지 못해요."

"우리 아이는 실패를 두려워해요."

"아이들에게 계속 칭찬만 했는데, 어쩌죠?"

"우리 애는 중학생인데, 너무 늦지 않았나요?"

자녀 교육 방법을 바꾸는 것은 언제든 상관없으니까 너무 걱정할 필요는 없다. 중학생이든 고등학생이든, 심지어 대학생이라도 늦지 않다. 그렇다면 앞으로 어떻게 하면 좋을까?

이제부터는 칭찬하지 말고 인정하도록 하자. '칭찬'과 '인정'은 서로 비슷한 것 같지만, 사실은 전혀 다르다. 그 차이를 아는 것이 아이를 성장시키는 열쇠가 된다. 그렇다면 '인정'이란 과연 무엇일까? 내가 생각하는 '인정'의 정의는 이렇다.

첫째, '나'를 주어로 내 기분을 표현하는 것

둘째, '현실'을 인정하는 것

앞에서 설명했듯이 칭찬은 '너(당신)'가 주어인 '평가'의 의미가 담긴 말이다. 그리고 칭찬의 정반대 개념이 바로 '인정'이다. 예를 들어 '너는 착한 아이구나!', '너는 대단한 아이구나!', '너는 훌륭한 아이구나!' 등의 표현이 칭찬이라면, 이와 반대로 '네가 이렇게 행동한 것을 보니 대단하다는 생각이 들었단다.'라고 표현하는 것이 인정이다.

인정의 대상은 현실이다. 현실에서 일어나고 있는 일이나 이미 일어난 행동, 즉 구체적인 사실을 대상으로 삼는다. 평가의 기준으로 삼는 점수나 등급 등의 가상이 아닌 것이다. 예를 들어, 아이가 엄마를 도와준 행동에 대해 엄마가 이렇게 말했다고 하자.

"네가 도와줘서 엄마는 책 읽을 시간을 얻었구나. 정말로 큰 도움이 됐어. 고마워."

아이가 엄마를 도와준 일과 엄마가 아이 덕분에 책 읽을 시간을 가질 수 있었던 것은 현실이다. 이러한 실제 상황에 대해 "내가 이렇게 생각한다."라고 말해 주는 것이 '인정'이다.

'인정'의 개념에 관한 다양한 의견들

현실을 인정하는 것은 보는 사람에 따라 서로 다른 방향에서 접근할 수 있다. 예를 들어, 아빠의 경우는 엄마를 도와준 자녀에게 이렇게 말할 수 있다.

"우리 딸이 엄마를 도와주었구나. 아빠는 우리 딸이 커서 배려심이 깊고, 멋진 사람이 되었으면 좋겠다는 생각을 했단다. 그런데 우리 딸이 이렇게 잘 자라고 있어서 아빠는 네가 자랑스럽구나."

할아버지라면 이렇게 말해 줄 수 있다.

"네가 엄마를 도와주었구나. 할아버지는 네가 손녀딸이라는 게 자랑스럽구나."

칭찬은 설거지를 도와준 일에 대해 '착한 아이구나!', '훌륭하구나!'라는 단편적인 관점으로만 바라본다. 하지만 인정은 사람에 따라 다양하고, 각자의 입장과 서로 다른 관점에서의 생각을 표현하는 말이다. 즉 엄마는 기쁜 마음을, 아빠와 할아버지는 자랑스러움을 느낀다. 따라서 아이들은 자신의 행동으로 인해 가족 구성원들이 다양한 가치를 느낀다는 것을 알게 되고, 그 결과 다른 사람을 돕는 일에 보람을 느끼게 된다.

아이에게 하나의 가치를 제시하는 것은 옳지 않다. 다양한 가치와 견해를 제시하는 것이 부모의 역할이다. 따라서 부모들은 아이가 자신을 둘러싼 주변 세상을 어떻게 바라볼 것인지에 대해 고민하고, 다양한 생각과 가치를 가르치는 육아법을 적극 활용해야 한다.

Point!

'인정'이란 '내가 주어가 되어 현실을 인정하는' 대화법이다. 같은 상황을 대하더라도 사람에 따라 다양한 관점으로 다가설 수 있고, 현실을 다르게 인식할 수 있다.

칭찬은 'You'의 메시지이고,
인정은 'I'의 메시지다

칭찬은 '너(당신, 상대방)'가 주어인 'You의 메시지'인 반면에, 인정은 주어가 '나(자신)'인 'I의 메시지'다. 하지만 나는 'I의 메시지'를 'Intentional(의도적인) 메시지'의 약어로도 사용한다. 이때 의도적인 메시지는 다음과 같은 네 가지 요소로 구성된다.

① 의도('~했으면 좋겠다'거나 '~하고 싶다'는 등의 기분, 배경, 비전)

② 일어난 일이나 이미 실행한 행동(구체적인 사실)

③ 영향(세부적이고 구체적인 영향)

④ 실제 기분 또는 속마음

앞에서 소개한 '인정하는 대화'는 네 가지 구성 요소 중 ②(또는 ③)와 ④에 해당된다. 여기까지가 'I 메시지'의 첫 번째 단계다. 내가 주어가 되어 현실에서 일어난 상황을 인정하고, 느낌(기분)을 말하는 데 익숙해졌다면 두 번째 단계로 가보자.

두 번째 단계에서는 의도('~했으면 좋겠다'거나 '~하고 싶다' 등의 기분, 배경, 비전)가 더해진다. 즉 의도는 인정하는 쪽에서 '네가(상대방이) ~했으면 좋겠다'거나 '나는 ~하고 싶다'는 기분을 전달하고, 인정받는 쪽에서는 '~하고 싶다'는 기분이 들도록 표현하는 것이다. 그리고 '~한 상황이기 때문에'라는 배경이기도 하다. 앞에서 예로 들었던 설거지 상황을 가정해서 좀 더 구체적으로 알아보자.

"엄마가 요즘 너무 바빠서 책을 읽지 못했는데, 우리 딸이 설거지를 도와줘서 읽고 싶은 책을 볼 수 있었단다. 엄마에게 큰 도움이 됐구나. 고마워, 우리 딸."

이 대화에서 바쁘다는 것은 배경이고, 읽고 싶은 책이 있었다는 것은 의도다. '딸이 설거지를 도와주었다는 것'과 '책을 읽었다는 것'은 현실에서 일어난 행동이고, '시간이 생겨서 책을 읽을 수 있었다는 것'은 행동으로 인한 영향

이다. 또한 '도와줘서 고맙다는 것'은 실제로 느끼는 기분
이다.

앞(59쪽)에서 예로 들었던 아빠의 인정 메시지를 분석해
보자.

'아빠는 우리 딸이 배려심이 깊고 멋진 사람이 됐으면
하고 생각했어'가 의도이고, '그런데 엄마를 도와주다니'가
행동, '잘 자라주고 있어서'가 영향, '매우 자랑스럽구나'가
실제 기분이다.

	첫 번째 단계	두 번째 단계
Ⅰ 메시지		① 의도
	현실	② 이미 발생한 일 또는 행동
		③ 영향
	내가 주어인 기분	④ 실제 기분 또는 속마음

인정해 주는 메시지에는 '~했으면 좋겠다'는 의도가 담겨 있다

사람의 마음을 움직일 때는 의도나 배경이 존재한다. 예를 들어, 가뭄이 들어 물이 부족한 상황에서 비가 내린다면 매우 기쁠 것이다. 하지만 여행을 가기로 계획했던 사람들에게는 달갑지 않은 상황일 것이다. 그런데 칭찬이나 비교, 평가 등에는 배경이나 의도가 전혀 없다.

"은혁이는 100점을 받았는데, 보라는 70점이네."

"이번 시험에서는 높은 점수를 받았구나. 잘했다!"

이처럼 비교나 칭찬에는 의도나 배경이 없기 때문에, 대화가 단편적이고 깊이가 없다. 그러나 인정에는 의도가 있다. 70점을 받았든 100점을 받았든 인정해 주는 대화는 아이들에게 건네는 대화의 내용이 상황에 따라 달라진다.

"실수하지 않으려고 열심히 공부하더니, 이번에는 만점을 받았구나. 우리 딸이 집중할 수 있게 돼서 엄마는 너무 기쁘단다."

"서술형 문제를 어려워하더니, 이번에는 집중해서 많이 풀었구나. 목표를 세우고 열심히 노력하는 모습을 보니,

아빠는 네가 자랑스럽구나."

이처럼 인정해 주는 대화는 아이가 어떤 마음가짐으로 시험에 임했는지에 따라, 그리고 부모가 아이에게 어떤 기대를 가지고 있느냐에 따라 달라진다.

Point

인정해 주는 대화에는 '~했으면 좋겠다'는 기대와 희망(의도)의 메세지가 담겨 있다.

인정해 줄 때는 거짓이 없는
속마음을 표현하라

앞에서 말한 것처럼 아이에게 인정해 주는 대화를 건넬 때는 '자신의 실제 기분(속마음)'을 전달해야 한다. 사실 칭찬할 때는 칭찬해 줘야 한다는 의무감에서 건네기도 하고, 때로는 마음에도 없는 말을 하는 경우도 있다. 하지만 아이들은 부모의 거짓말에 민감하다. 마음에도 없는 칭찬을 들으면 아이들은 '나를 치켜세우려고 저러나?', '나를 조종하려는 의도가 있는 건 아닐까?'라고 의심하거나 무의식적으로 반발심이 생기기도 한다.

그리고 칭찬에는 다양성이 없다. '대단하다', '참 잘했다'

처럼 패턴이 정해져 있기 때문에 아이들도 금세 익숙해진다. 이에 반해 인정해 주는 말은 '내가' 주어이기 때문에 자신의 실제 기분을 표현하게 된다. 인정해 주는 대화의 예를 들면 다음과 같다.

"네가 도와줘서 엄마는 너무 기쁘단다."

"큰 도움이 됐단다. 고맙구나."

"친구들과 협력해서 열심히 하는 모습을 보니, 안심이 되는구나."

"시합하는 내내 최선을 다하는 네 모습에 감동했어. 엄마는 눈물이 나올 정도였단다."

"따돌림당하는 친구를 네가 챙겨 준다고 들었어. 엄마는 네가 너무 멋지고 자랑스럽구나."

"내 아들지만, 너의 의젓한 행동을 보니 참 대견하구나!"

화를 냈을 때는 그 이유와 속마음을 솔직하게 말해 주어야 한다

위에서 예로 든 것처럼, 인정해 주는 대화는 자신의 솔직한 기분을 말로 표현해서 전달하면 된다. 단, 주의해야 할 점이 있다. 두 번째 단계에서 의도적 메시지의 기분에 일부러 '실제'라는 단어를 붙인 이유는 사람들이 자신의 본심 혹은 속마음을 미처 깨닫지 못하는 경우가 많기 때문이다.

예를 들어, '분노'의 감정이 그렇다. 평소에 우리는 "지금 머리끝까지 화가 났어!"라고 말하기도 한다. 하지만 정확히 말하면 분노는 인간다운 감정이나 기분이 아니라, 동물에게서 볼 수 있는 공격적인 반응이라고 할 수 있다. 따라서 분노의 감정을 그대로 표출할 경우, 아이들은 부모에게서 인간적인 모습을 느낄 수 없게 된다.

심리학에서는 분노를 '제 2의 감정'이라고 하며, 분노 이전에 선행되는 '제 1의 감정'을 '실제 기분'이라고 한다.

예를 들어, 부모들이 자녀를 잃어버렸을 때 분노의 감정을 느끼는 이유를 생각해 보자. 부모는 세상에서 가장 소중한 아이가 자기 뒤를 잘 따라올 것으로 기대한다. 그런데 갑자기 아이가 사라져 버렸고, 생각지도 못했던 상황에서 부모는 걱정되고 불안한 나머지 불의의 사고를 당한 것은 아닌지, 혹시 유괴를 당한 것은 아닌지 오만가지 생각을 하게 된다. 그 결과 두려움과 괴로움, 고통스러움 때문에 분노의 감정을 느끼게 되는 것이다.

다시 말해 두려움과 괴로움, 고통스러운 감정이 바로 '실제 기분'이고, 이런 기분을 속으로 삭이지 못해서 분노로 표출되는 것이다. 그러므로 분노의 감정을 표출한 다음에는 이렇게 말해야 한다.

"조금 전에 크게 화를 냈는데, 사실은 아끼던 물건을 깨뜨리는 바람에 그랬어."

그러면 상대방은 자신을 싫어한다거나 사랑하지 않아서 화를 낸 것이 아니라는 사실을 받아들이게 된다. 다른 사람의 기분이나 감정을 이해할 수 있는 아이로 키우고 싶어 하면서 정작 자신의 기분조차 제대로 알지 못하는 부모들도 많다. 부모로서 자신의 솔직한 기분이나 감정을 파악해서 아이에게 전달하지 못하면, 아이는 자신의 기분을 표현한다거나 상대방의 기분을 이해하려는 행동을 귀찮고 성가신 것으로 착각할 수도 있다.

Point

아이에게 인정해 주는 대화를 건넬 때는 '~해 줘서 기뻤다' 같은 표현을 사용하여 자신이 느낀 기분과 속마음(실제 기분)을 전달한다.

아이의 바이탈리티 사이클을
활성화시켜라

우리는 앞에서 칭찬 육아법의 부정적인 영향에 대해 알아보았다. 그리고 아이에게 칭찬만 해 주면 어른의 눈치를 살피는 아이, 자기 긍정심이 낮은 아이, 다른 사람을 질투하는 아이, 감수성이 부족한 아이가 된다는 것도 알 수 있었다.

하지만 '나'를 주어로 하여 의도적인 메시지를 활용한 인정 육아법은 칭찬 육아법과 반대로 아이에게 자기 긍정심과 책임감을 심어 준다. 그리고 스스로 뭔가를 창조하거나 결단할 수 있는 능력을 키워 준다. 한마디로 '살아가는 힘'

을 가진 성숙한 어른으로 성장시킨다.

나는 사람이 살아가는 힘을 설명할 때 '바이탈리티 사이클vitality cycle'을 활용한다. 바이탈리티는 '활력'을 의미하며, 사람이 의욕을 잃지 않고 살아갈 수 있는 원동력이 된다. 즉 인간은 바이탈리티 사이클이 선순환을 이룰 때, 생기 넘치고 밝게 살아갈 수 있다. 그리고 힘든 일이 닥치더라도 우울해하거나 힘들어하지 않고 씩씩하게 헤쳐 나갈 수 있다. 무엇보다도 바이탈리티 사이클이 선순환을 이루면 창의성과 자주성, 협동심과 커뮤니케이션 능력 등을 향상시킬 수 있다.

예를 들어, 아이들은 장난을 칠 때 바이탈리티 사이클이 활성화된다. '장난'이라는 말에 눈살부터 찌푸리는 부모들도 있을 것이다. 하지만 회사를 설립해 세계적인 기업으로 성장시킨, 즉 멋지게 성공한 사람들의 대부분은 어린 시절에 장난꾸러기였다. 혼다의 창업주인 혼다 소이치로本田 宗一郎도, 일본의 축구 발전을 이끈 오카다 아키노부岡田 彰布 감독도 유년 시절에는 엄청난 장난꾸러기였다.

좋아하는 선생님을 곤란하게 만들거나 다른 사람을 즐겁게 혹은 놀라게 만드는 악의 없는 장난은 창의성의 원천이 된다. 그리고 장난은 아이들의 바이탈리티 사이클을 자극하여 세상을 살아가는 힘을 키워 준다.

아이를 인정해 주면 바이탈리티(살아가는 힘)가 높아져서 세상을 헤쳐 나가는 힘이 강해진다.

아이들은 장난을 칠 때
바이탈리티 사이클이 활성화된다

바이탈리티 사이클은 75쪽의 그림을 참고하기 바란다.

아이들이 장난치는 상황을 예로 들어 바이탈리티 사이클의 개념을 순서에 따라 자세히 설명하겠다.

먼저 ①은 스스로 뭔가를 하고 싶어 하는 생각(자발적 의도)이다. 아이들의 장난은 '우리 선생님을 골려 주자!' 라고 생각하는 자발적인 의도에서 시작된다. '이제 초등학생이 됐으니까, 일주일에 한두 번 정도는 장난을 쳐야지!' 라고 결심하는 것 같은 의무감에서 시작하는 행동이 아니다.

장난을 치고 싶다고 스스로 생각한 다음에는 선생님을 어떻게 골려 줄 것인지를 고민하고, 자동적으로 ②의 작전(전략, 전술)을 짜기 시작한다. 그러고는 선생님은 겁이 많으니까 뱀 모양 장난감으로 놀려 주겠다고 잠정적으로 정한다. 단, 이 단계는 초기 전략 단계로서 구체적인 것은 아니다. 이때 누군가가 "교실 문을 열면 뱀 모양 장난감이 떨어지게 하자!", "교실 문틈에 끼워 놓자!" 혹은 "칠판지우개 밑에 숨겨 놓자!" 등 구체적인 방법을 제안한다.

그 다음부터는 보다 더 구체적인 전략을 만들어 내기 위해 여러 명이 모여서 이러쿵저러쿵 의견을 나눈다.

"선생님이 문 위를 쳐다보지 못하도록 누군가가 선생님을 불러서 시선을 끌자!"

이런 과정을 거쳐서 결과가 나오면 결단③을 하고, 행동④으로 옮긴다.

모든 과정이 자발적으로 생각한 것이기 때문에, 아이들은 행동에 옮기는 동안 무척 흥분되고 재미있어 한다. 이미 아이들의 머릿속은 성공했을 때의 즐거움으로 가득 차 있다.

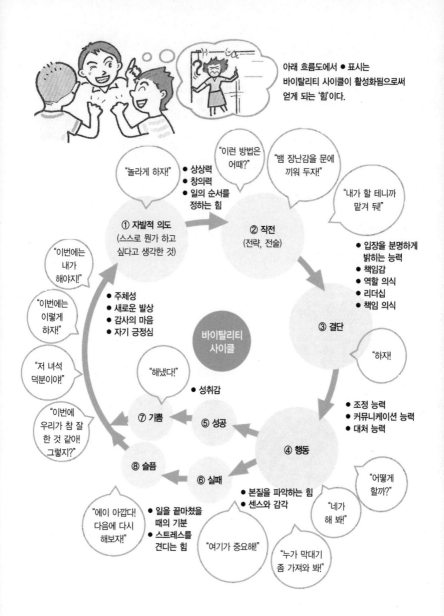

성공해도, 실패해도 바이탈리티 사이클은 순환한다

계획된 장난에는 두 가지 결과가 나타난다. 성공(⑤) 혹은 실패(⑥)다.

작전을 세우고 의도한 대로 잘 진행되어 성공하면 아이들은 자기들이 해냈다며 크게 기뻐할 것이다(⑦). 하지만 장난감이 떨어지지 않았거나 선생님이 미리 눈치를 채는 바람에 실패했을 때는 아깝고 억울해하며 슬퍼할 것이다(⑧).

하지만 아이들은 마냥 슬퍼하지 않는다. 다음에는 들키지 않고 반드시 성공하겠다고 다짐을 한다. 또한 장난이 성공한 경우에도 "다른 선생님에게도 시도해 볼까?"라며 또 다른 장난을 구상한다. 이처럼 바이탈리티 사이클은 선순환을 일으키면서 반복된다. 그래서 아이들은 질릴 때까지, 하고 싶지 않을 때까지 장난을 친다.

Point!

아이를 인정해 주면 아이 스스로 뭔가를 시도해 보려는 적극성을 갖게 된다. 또한 실행에 옮겼다가 실패하더라도 다음에는 더 잘해보겠다는 도전 의식을 키우게 된다.

아이를 인정해 주면 창의력과 커뮤니케이션 능력이 향상된다

칭찬하지 않는 육아법, 즉 아이를 인정해 주는 육아법으로 키우면 바이탈리티 사이클이 선순환을 일으키기 시작한다. 이 사이클이 활성화되어 선순환을 일으키면 얻을 수 있는 것이 상당히 많다. 앞에서 본 것처럼 인간에게 매우 중요한 여러 가지 능력과 자질을 키울 수 있다.

이러한 능력과 자질은 학교생활은 물론 성인이 되어 행복한 삶을 살아가는 데 반드시 필요하다. 남의 지시에 따르지 않고 스스로 하고 싶은 것을 생각하고 실행에 옮기기 때문에, 새로운 것을 만들어 내는 창의성이 생긴다. 또한 어떤 원인에 대한 결과를 예측하는 상상력, 그리고 어떤 순서에 따라 일을 처리하면 효과적인지를 판단하는 능력도 생긴다.

예를 들어, 아이들 여러 명이 모여서 학급 신문을 만드는 과정을 생각해 보자. 각자의 능력을 고려해서 업무를 분배하고, 어떤 순서로 작업을 진행해야 효과적인지를 생각하고 준비하는 능력은 학교생활뿐만 아니라, 성인이 되어 직장 생활을 할 때도 매우 중요하다.

스위치만 누르면 작동하는 각종 게임기와 PC 게임에 익숙한 요즘 아이들은 좀처럼 장난을 치지 않는다. 또한 새로운 놀이를 만들어 내려고도 하지 않는다. PC 게임처럼 이미 정해진 놀이는 바이탈리티 사이클에서 '결단'과 '행동'의 단계부터 시작된다. 그렇기 때문에 일상에서 PC 게임을 자주 접하는 아이들은 순서를 정하는 능력을 키울 수 없다.

이런 아이들은 뭔가 하고 싶은 생각이 들어도 방법을 모르기 때문에 항상 누군가가 대신 준비해 주기를 바란다. 심지어 새로운 것을 시도해 보려는 생각조차 하지 않는다. 따라서 자아가 거의 다 형성되는 10세 이전까지의 아이는 PC 게임을 가까이하지 않도록 해야 한다. 만약 이미 PC 게임을 시작한 아이라면, 사용 횟수를 최소한으로 줄이는 것이 좋다.

주인 의식이 있는
아이로 키워라

아이들끼리 장난을 칠 때, 작전을 세우고 나서 결정을 내려야 할 순간에 자기가 지시를 하겠다며 스스로 리더를 자청하는 아이가 있을 것이다. 그리고 스스로 자기 역할을 정하는 아이도 있을 것이고, 리더가 정해 준 역할을 맡는 아이도 있을 것이다. 이처럼 장난을 치는 행동은 아이들 스스로 생각한 일이기 때문에, 모든 아이들이 자발적으로 어떤 역할을 맡으려고 한다. 아이들이 주체성을 가지고 남의 일이 아닌 자신의 일로 받아들이는 것이다.

학부모들 중에도 어쩔 수 없이 학교 운영위원회 직책을 떠맡게 된 사람은 주체성이 명확하지 않아서 리더가 지시한 대로만 움직이기 쉽다. 하지만 자신이 원해서 직책을 맡은 사람은 책임감을 가지고 적극적으로 참여한다.

직장에서도 상사가 지시한 일만 하면 된다고 생각하는, 즉 주체성이 약한 조직에서는 바이탈리티 사이클이 선순환을 일으키지 않는다. 그래서 직원들이 책임을 회피하거나 능력을 제대로 발휘하지 않기도 한다.

바이탈리티 사이클의 결단에서 행동으로 옮기는 단계에

서는 누구에게 어떤 역할을 맡길 것인지를 생각하거나 필요한 것을 준비하는 능력이 생긴다.

"막대기 가진 사람 없어?"

"달리기 잘하는 사람이 갔다 오자!"

"너는 몸집이 작으니까 여기에 숨어 있어."

이처럼 누구에게 어떤 역할을 맡길 것인지를 생각하고, 필요한 것을 준비하는 능력을 기업 조직에서는 '조정 능력'이라고 한다. 사장이나 관리직 리더에게 반드시 필요한 능력이다.

아이들은 장난을 통해서 서로 의견을 나누거나 신호를 주고받으면서 협동심을 포함한 커뮤니케이션 능력도 키운다. 더 나아가 성공 혹은 실패를 통해 문제의 본질을 재빨리 파악하는 능력과 감각, 센스도 익힐 수 있다.

Point

아이를 칭찬하지 않고 인정해 주는 육아법이 바이탈리티 사이클을 활성화시킨다. 그리고 바이탈리티 사이클은 창의성과 일의 순서를 정하고 조정하는 능력, 주체성, 책임감, 커뮤니케이션 능력 등 살아가는 데 필요한 다양한 능력을 키워 준다.

아이들은 실패하면서 인내심을 키운다

앞에서 이야기한 것들 외에도 장난을 치는 아이들은 얻을 수 있는 것이 많다.

아이들은 장난에 성공하면 뛸 듯이 기뻐하고, 해냈다는 성취감을 얻는다. 반대로 실패하더라도 뭔가를 끝냈다는 기쁨을 맛볼 수 있다. 나는 이런 기쁨을 '완료감'이라고 부른다. 완료감이란 비록 이번에는 실패했더라도 성공하기 위해 다음을 향해 나아가는, 즉 과거에 매달리지 않는 감각을 의미한다. 실패했다고 해서 속상해 하거나 푸념을 늘어놓거나 전전긍긍하지 않고, 실패를 통해 뭔가를 배우고 다음 단계로 나아가려는 마음 자세라고 할 수 있다.

　실패의 경험은 어른이 되어 회사 일이나 집안일이 원만하지 않거나 스트레스 때문에 힘들 때, 유연하게 대처할 수 있는 밑바탕이 되므로 매우 중요하다. 또한 실패를 하더라도 실패를 통해 뭔가를 배우고, '그래, 이번에는 실패로 끝났지만 다음에는 반드시 성공하겠어!'라고 다짐하며 앞으로 나아가려는 마음 자세는 21세기를 살아가는 데 큰 힘이 된다.

　무거운 물건을 자주 들면 몸에 근육이 생기는 것처럼, 스트레스를 이겨낸 경험도 '스트레스 내성'이라는 마음의 근육을 만든다. 바이탈리티 사이클이 선순환을 일으킬 때는 실패를 통해 스트레스를 극복하는 힘을 기를 수 있다.

　우리는 의도했던 일에 성공했을 때 모두가 함께 기뻐하며 "우린 참 잘한 것 같아!", "~의 덕분이야!"라고 말하며 서로를 인정하거나 고마움을 표현하기도 한다. 설령 실패했더라도 "그래도 우리는 대단했어!"(자기 긍정심)라고 말하며 서로를 격려하기도 한다. 또는 서로 반성하기도 하고, 새로운 아이디어를 떠올리거나 '다음에는 내가 해보겠어!'라는 도전 의식이 생기기도 한다. 그리고 또 다시 바이탈리티 사이클이 시작된다.

Pont!

아이들은 실패하더라도 끝까지 해냈다는 성취감을 느낀다. 그리고 실패를 통해서 스트레스를 이겨내는 내성이 생기고, 더 나아가 다음에는 반드시 성공하겠다는 도전의식을 갖게 된다.

바이탈리티 사이클의 바탕은 '자발적 의도'와 '결단'이다

바이탈리티 사이클에서 특히 중요한 것은 첫 번째 단계인 '스스로 하고 싶다고 생각한 기분(자발적 의도)' 과 '작전(전략, 전술)', '결단' 이렇게 세 가지다. 이 세 가지가 바이탈리티 사이클의 바탕이다.

스스로 하고 싶다고 생각하고, 작전을 세우고, 결단하여 행동으로 옮긴 것이라면 스스로 책임질 수 있다. 또한 기쁨도 슬픔도 오로지 자신의 것이다.

스스로 생각하고 결정해서 시도한 일은 바이탈리티 사이클이 마지막 단계까지 선순환을 일으키는 경우가 많다.

그러나 남이 시켜서 한 일은 잘 되더라도 큰 기쁨을 맛볼 수 없고, 다음 단계로 넘어갈 때 새로운 발상이 떠오르지 않는 경우도 많다. 또한 일이 잘 풀리지 않으면 불안감마저 든다.

그런데 바이탈리티 사이클의 바탕이 되는 위의 세 가지 단계를 학교에서는 경험할 수 없다. 학교에서는 정부 교육기관이나 교육위원회에서 정한 것을 가르쳐야 하기 때문이다. 즉 학교 교육은 교육기관에서 정한 커리큘럼에 따라 일방적으로 가르치는 것이다.

그래서 스스로 배우고 싶다거나 조금 더 깊이 알고 싶어 하는 아이의 기분을 소중히 여기고, 학교 커리큘럼에서 벗어나 좀 더 깊이 탐구할 수 있는 기회가 매우 드물다. 아이들은 바이탈리티 사이클에 맞춰 성장해야 하는데, 이에 맞는 교육을 받지 못하는 것이다. 또한 칭찬은 평가하는 교육 방식이기 때문에, 스스로 배움의 즐거움과 기쁨을 알지 못한 채 주어진 일만 하면 된다고 생각하는 아이들이 대부분이다.

요즘 아이들은 자연 속에서 뛰어 놀거나 친구들끼리 규칙을 만들어 놀면서 장난칠 기회가 매우 적기 때문에, 학

교 밖에서도 바이탈리티 사이클의 효과를 거의 경험하지
못한다.

Point!

아이들은 '스스로 하고 싶다는 생각(자발적 의도)'에서 출발해
'작전'을 세우고 '결단'을 내린다. 바이탈리티 사이클에서는 이
세 가지 단계가 가장 중요하다.

기쁨과 슬픔을 느끼는 아이로 키워라

잘 알다시피 '희노애락_{喜怒哀樂}'은 기쁨, 분노, 슬픔, 그리고 즐거움_樂을 의미한다. 여기서 즐거움은 기쁨의 감정과 비슷하다. 그래서 나는 '락_樂'을 '편안함'의 의미로 받아들인다. 이 네 가지 감정 가운데 인간만이 느끼는 고차원적인 감정은 기쁨과 슬픔이다.

분노와 편안함은 파충류 같은 동물도 가지고 있는 일차원적인 감정이다. 감정이라기보다는 본능의 한 종류다. 예를 들면 사자나 악어는 배가 고프면 흉악하게 변하지만, 배가 부르면 온순하고 편안해진다.

요즘 아이들은 별것 아닌 일에도 욱하거나 아무 것도 하지 않고 편안한 것만 찾으려고 한다. 그렇다고 아이들에게 기쁨이나 슬픔의 감정이 없는 것도 아니다. 다만 인간으로서 느낄 수 있는 풍부한 감정을 표현하는 일이 줄어들었을 뿐이다.

부모가 시키는 공부만 하고, 이미 만들어진 텔레비전 프로그램을 보거나 게임을 하면서 편하게 지내기 때문에 싫은 일이 생기면 일단 화부터 낸다. 과연 이것이 행복한 삶일까? 지금 당장 자녀 중에 이런 아이가 없는지 살펴보자.

또한 칭찬과 평가를 받으며 자란 탓에 부모의 눈치를 살피는 아이들 중에는 자기 감정을 숨기는 데 익숙하여 자기다운 감정을 갖지 못하는 아이도 있다. 그런 아이들은 진심으로 우러나서 웃거나 손뼉을 치면서 기뻐하거나 소리내어 울지도 않는다. 심지어 감수성이 메말라서 표정의 변화가 없는 아이들도 많다.

그러나 바이탈리티 사이클이 선순환을 일으키는 아이는 자신이 하고 싶은 일을 스스로 생각하여 결정하고, 더 나아가 행동으로 옮긴다. 또한 어떤 결과든 진심으로 기뻐하고 감사할 줄 알며, 슬퍼하거나 후회하기도 한다. 그 결과 감수성이 풍부한 사람으로 성장한다.

Point!

희노애락 중에 기쁨과 슬픔은 인간다운 감정이다. 당신의 아이는
사소한 일에 화를 내거나 귀찮아하지 않는가? 바이탈리티 사이클
이 선순환을 일으키면 감수성이 풍부한 아이로 성장할 수 있다.

③
❙ 메시지로 속마음을
표현하라

'아이는 부모의 속마음을
알고 싶어 한다.'

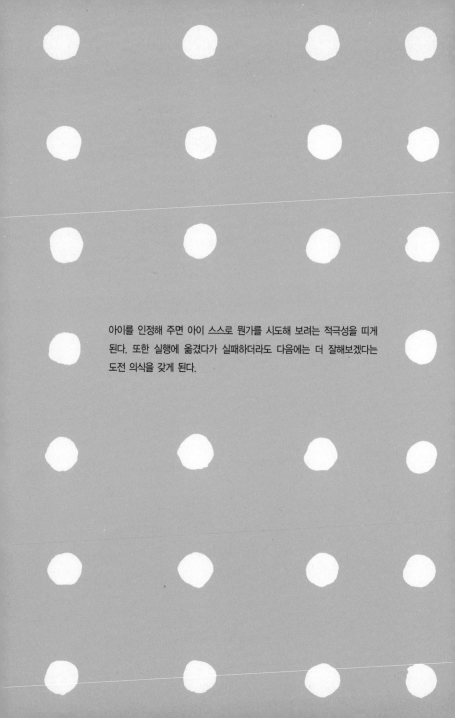

아이를 인정해 주면 아이 스스로 뭔가를 시도해 보려는 적극성을 띠게 된다. 또한 실행에 옮겼다가 실패하더라도 다음에는 더 잘해보겠다는 도전 의식을 갖게 된다.

'I 메시지'로 바이탈리티
사이클을 활성화시켜라

앞에서 바이탈리티 사이클에 대해 자세히 설명했다. 바이탈리티 사이클 순서도(75쪽)를 보고 이미 눈치를 챈 독자들도 많을 것이다. 바이탈리티 사이클의 순서와 I 메시지(의도적 메시지, 63쪽 참고)'는 서로 일치한다.

뒤에 제시한 그림을 보면, 바이탈리티 사이클의 자발적 의도(①)에서 결단(③)까지는 '~하고 싶다는 의도'에 해당된다. 이는 의도적 메시지의 '의도'와 일치한다. 그 밖의 요소도 동일하게 일치한다.

본래 바이탈리티 사이클은 본인이 직접 행동하고, 현실

에서 직접 체험한 경우에만 순환된다. 앞에서 아이들이 장난을 치거나 자유로운 놀이 속에서 바이탈리티 사이클이 자연스럽게 선순환을 일으킨다고 설명했던 것처럼 말이다.

하지만 고맙게도 우리들 인간에게는 '상상력'이라는 것이 있다. 그래서 I 메시지에는 의도가 담겨 있으며, 현실을 인정하고, 기분을 표현하는 '의도적 메시지'를 명확하게 전달할 수만 있다면 아이들의 바이탈리티 사이클은 선순환을 일으키게 된다. 한마디로 I 메시지는 자동차 엔진에 시동을 거는 키라고 할 수 있다.

부모들은 I 메시지(의도적 메시지)를 사용함으로써 아이들의 바이탈리티 사이클이 선순환을 일으킬 수 있도록 도와줄 수 있다.

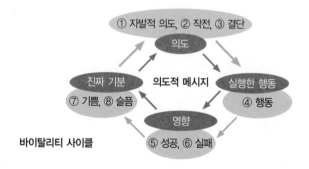

바이탈리티 사이클

| 메시지를 만드는 방법 |

아래 제시한 그림을 보면서 I 메시지의 개념을 복습해 두자.

첫 번째 단계는 '나'를 주어로 하여 '현실'을 인정하고, 실제 기분을 표현하는 것이었다.

두 번째 단계는 네 가지 요소를 의식한 '의도적인 메시지'다.

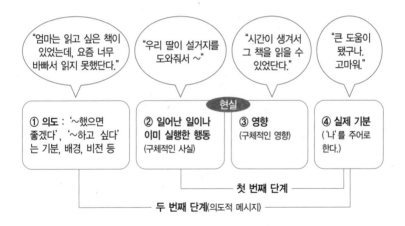

메시지에 항상 네 가지 요소가 포함될 필요는 없다. 처음에는 '도와줘서 고맙구나(②와 ④)'만 포함시켜도 괜찮다. 그리고 ③과 ④, ②와 ③과 ④, ①과 ②와 ③ 등 두 개 혹은 세 개를 포함시켜도 좋다. 조금씩 천천히 도전해 보자.

뒤에 제시한 사례를 통해 I 메시지를 만드는 방법에 대해 구체적으로 배워 보자.

Point!

아이들의 바이탈리티 사이클을 활성화시키는 I 메시지(의도적 메시지)는 네 가지 요소(① 의도, ② 일어난 일이나 실행한 행동, ③ 영향, ④ 실제 기분)로 구성된다.

아이가 만점을 받아서 기뻐한다면?

A. "100점 만점? 대견하구나. 다음번에는 국어 과목도 만점 받자!"

B. "거 봐, 너도 노력하니까 되잖아! 그동안 왜 노력하지 않은 거니?"

C. "그랬구나. 그래서 기뻐했구나. 네가 기뻐하는 모습을 보니 엄마도 기분이 좋단다."

아이의 마음을 이해하는 것이
우선이다

다음 목표는 아이 스스로 정하도록 해야 한다.

아이가 시험에서 만점을 받으면 대부분의 부모들은 무심코 "대견하구나!", "대단하구나!"라는 말로 칭찬을 한다. 위의 세 가지 표현 중에 A는 '너(상대방)'가 주어인 칭찬의 메시지다. '너'가 만점을 받았으니 '대견하다', '노력했으니 훌륭하다'는 의미다. 하지만 그 이면에는 만점을 받지 못했거나 노력하지 않았다면 너는 대견한 아이가 아니라는 메시지가 숨어 있다. 즉 칭찬을 통해 아이를 조종하려는 의도가 담겨 있는 것이다. 이런 대화를 계속 반복하다 보면 부모에게 좋은 평가를 받지 않으면 아무 것도 하지 않는 아이가 될 수 있다. 심한 경우에는 보상이나 대가가 주어지지 않으면 아무것도 하지 않는 아이가 될 수도 있다.

또한 A와 같은 표현은 점수에만 중점을 두어 아이가 시험을 위해 어떤 노력을 했는지, 만점을 받아서 어떤 기분인지 등은 전혀 고려하지 않고 있다.

이것뿐만 아니라 부모가 다음 목표를 제시하는 것도 바

람직하지 않다. 만점을 받고 나서 그 다음 단계를 생각하는 사이클이 이제 막 순환되기 시작했는데, 부모가 개입하여 아이의 바이탈리티 사이클을 망치고 부모의 뜻대로 아이를 움직이는 꼴이 된다.

다음으로, B처럼 "거 봐, 너도 노력하니까 되잖아!"라는 말의 이면에도 '지금까지는 노력하지 않은 아이', '지금까지 잘하지 못했던 아이'라는 메시지가 숨어 있다.

모처럼 좋은 결과를 냈는데 과거의 일을 끄집어낸다면 아이들도 기분이 좋지 않을 것이다. 또한 만점을 받기 전에도 착실하게 공부했었는데 이런 말을 듣게 된다면, 아이는 "지금까지 열심히 노력했어요!"라고 말하며 자신을 이해해 주지 않는 부모의 무신경함에 실망할 수도 있다. 실제로도 아이는 예전이나 지금이나 시험을 위해 스스로 목표를 세우고 열심히 노력했는지도 모른다. 따라서 부모는 이런 점들을 직접 물어보고 나서 가장 먼저 인정해 주어야 한다.

또한 아이의 과거가 아니라 현재의 모습을 바라보자. '왜?'라는 질문은 '그러니까'라는 핑계를 요구한다. 그러므로 과거를 들추는 질문이 아니라 이번 시험에서 "어떤 부분을 노력했니?"라고 묻는 질문이어야 한다.

시험 점수나 등수가 아니라 노력한 아이와 함께 기쁨을 나누는 것이 중요하다. 이러한 행동에 가장 적합한 부모의 대화는 C다. 즉 아이의 기분을 있는 그대로 받아들이는 것이다. 사람들은 "이해한다."라는 말을 자주 사용하는데, 나는 "받아들인다."라는 말을 더 선호한다. 그래서 상대방의 일을 자신의 일처럼 생각하는 '이해한다.'라는 표현보다 더 보태거나 빼지 않고 있는 그대로를 받아들이려고 노력한다.

아이가 기뻐하는 행동을 보이면 함께 기뻐해 주자.

아이가 시험에서 만점을 받은 것이 실수를 없애려고 노력한 결과인지, 어려워했던 서술형 문제를 풀려고 준비한 결과인지, 경쟁하던 친구를 이겨서 기쁜 것인지를 부모는 알 수 없다. 오히려 아이가 기뻐하는 모습 그대로를 받아들이면서 대화를 나누면, 무엇 때문에 기뻐하는지 아이가 먼저 말해 줄 것이다.

예를 들어 아이가 "시험 볼 때 실수하지 않으려고 노력했어요."라고 말했다면, 다음과 같은 의도적 메시지로 인정해 주면 된다.

"그랬구나. 아빠는 우리 딸이 당황하지 않고 차분하게 노력하는 아이로 자랐으면 좋겠다고 생각했는데(의도), 스스로 실수를 없애려고 노력했구나(현실). 우리 딸을 보니 아빠는 무척 기쁘구나(실제 기분)."

아이가 무엇을 노력했는지, 예전과 비교해서 어떤 점이 달라졌는지가 중요하다. 등수와 점수는 중요하지 않다. 아빠가 등수와 점수에만 관심을 갖고 있지 않다는 메시지를 아이에게 전하자.

Q 아이가 야구 시합에서 이겼을 때는?

A. "시합에서 이겼다니, 장하구나!"

B. "어떤 마음으로 시합에 임했니?"

C. "그 공을 잡다니. 아빠는 굉장히 놀랐단다. 네가 공을 잡는 바람에 팀 분위기가 살아났더구나. 아주 잘했다."

승리의 주인공을 인터뷰하는 마음으로 대화하자

아이가 어떤 마음으로 시합에 임했는지를 물어본다.

아이가 참가한 경기를 관람하지 못했거나 아이가 어떤 마음으로 임했는지 모를 경우에는 상황에 맞는 축하나 위로의 말을 하지 못하고 겉돌 수 있다. 또한 시합을 지켜봤어도 아이가 기뻐하거나 아쉬워했던 순간과 부모가 그렇게 느낀 순간이 다를 수 있기 때문에, "아빠는 내 시합을 보긴 본 거야?", "도대체 뭘 본 거야?"라고 아이가 되묻는 상황도 종종 벌어진다.

아이가 참가한 시합을 보지 못한 경우나 아이의 마음을 정확하게 파악할 수 없을 때는 B처럼 어떤 마음으로, 어떤 의도로 시합에 임했는지를 본인에게 직접 물어본다. 즉 시합 후에 MVP 선수를 인터뷰하듯 물어보면, 아이는 방긋 웃으며 다양한 대답을 해 줄 것이다.

"지금까지 세 번이나 패했거든요. 그래서 이번에는 반드시 이겨야 한다는 각오로 열심히 뛰었어요."

"강팀이지만 한번 해보자는 마음으로 싸웠어요."

"우리보다 약한 팀이지만, 새로운 전술을 실전에 적용해 보려고 최선을 다했어요."

"시합 전에 컨디션이 좋지 않았는데, 이제는 감각이 돌아와서 다행이에요."

아이가 의도했던 대로 결과가 나왔다면 "네가 목표를 이루어 기뻐하는 모습을 보니 아빠도 기쁘구나!"라는 말로 격려해 주고, 의도했던 결과가 나오지 않았다면 "아쉽겠지만, 다음에는 꼭 이루었으면 좋겠구나!"라는 말로 위로해 준다. 이처럼 아이에게 일어난 일을 보고 느낀 자신의 솔직한 기분을 그대로 전하면 된다. 또한 엄마, 아빠가 항상 응원하고 있다는 마음을 전할 수 있다면, 아이가 먼저 이야기를 해 줄지도 모른다. 승리의 주인공을 인터뷰하는 마음으로 아이와 대화를 시작한다면, '대단하다'는 식의 형식적인 칭찬은 나오지 않을 것이다.

시합을 관전한 경우에는 경기 소감을 말해 준다.

C의 경우는 시합을 지켜보았을 때 나누는 대화다. 시합을 유심히 관전하고 있었을 때는 먼저 자신이 느낀 점을 솔직하게 말한다. C의 말처럼 구체적인 사실을 인정하고 나서 그에 따른 영향과 실제 기분을 표현하면 된다. 그런

다음 B의 경우처럼 승리의 주역을 인터뷰하듯 대화를 시작하면 좋다.

A의 경우는 이겼다는 결과만을 평가하고 있다. 시합에서 어떻게 뛰었는지, 시합을 위해 어떤 노력을 했는지, 시합이 끝난 후의 기분이 어떤지에 대해서는 아무것도 모를 뿐만 아니라, 들으려고도 하지 않는다.

'장하구나!'라는 표현은 추상적인 말이다. 또한 그 말에는 이기면 장하고, 지면 장하지 않다는 의미가 숨어 있다. 그렇다면 부모의 현재 마음이 정확하게 어떻다는 의미인가? 아이에게 발생한 사실을 분명하게 살펴보고, 아이의 말을 자세히 듣고 나서 인정해 주지 않으면 아이는 현실에서 멀어지고 만다.

[I 메시지 연습] 당신은 어떻습니까?

Q₃ 아이가 스스로 숙제를 했다면?

A. "시키지 않아도 잘 하다니. 착한 아이구나!"

B. "오늘은 숙제를 빨리 끝냈네? 왜 그렇게 빨리 했니?"

C. "어머, 오늘은 알아서 숙제를 했구나. 웬일이야?"

아이의 의도를
파악하라

시키지 않아도 스스로 하는 것보다는 스스로 우선순위를 정하는 것이 중요하다.

A는 스스로 숙제를 한 아이에게 별 다른 감흥이 없는 말이다. 시켜서 하든 스스로 하든 숙제를 했다는 사실에는 변함이 없다. 숙제는 학교 선생님이 내주었기 때문에 하는 것이다. 그래서 스스로 한다는 것에 초점을 맞추어 칭찬하는 부모가 많은데, 중요한 것은 그게 아니다. 회사에서 이루어지는 업무도 상사가 시켜서 하는 일이다. 여기서 중요한 것은 일의 우선순위를 정하거나 빨리 처리하지 않으면 나중에 어떤 상황이 벌어지는지를 파악하는 일이다.

따라서 부모는 처음부터 숙제를 하라고 지시하지 말고, 일단 아이에게 맡겨야 한다. 그렇게 해서 아이가 숙제를 빨리 하지 않으면 어떤 곤란한 상황이 벌어지는지를 경험해 보도록 하는 것이 중요하다. 그런 의미에서 아이에게 "오늘 숙제는 뭐니?", "숙제는 몇 시부터 시작할 거니?"라고 가볍게 말을 걸어 보는 것도 좋다.

부모가 아이에게 '의도'를 제시해 주는 것도 매우 중요하다.

숙제나 과제를 빨리 끝마쳤을 때는 B처럼 "왜 그렇게 빨리 했니?"라고 이유를 물어보자. 아이가 잘못했을 때는 "왜?"라고 물어서는 안 되지만, 잘 했을 때는 그 이유를 물어봐도 괜찮다. 그러면 다음과 같은 대답이 돌아올 것이다.

"오늘은 숙제가 많아서 빨리 끝내지 않으면 잠 잘 시간이 부족할 것 같아서요."

"보고 싶은 만화영화가 있어서요."

이럴 때 부모는 아이가 자발적으로 한 행동이 어떤 '의도'에서 나온 것인지, 그리고 어떤 결과를 낳았는지 제시해주자. 예를 들면, 이런 말을 해줄 수 있을 것이다.

"아빠는 우리 아들이 앞으로 일어날 일을 미리 예측하고, 지금 해야 할 일을 아는 아이가 되었으면 좋겠다고 생각했단다(의도)."

또는 빨리 숙제를 끝마침으로써 가족과 함께 텔레비전을 볼 수 있는 현재 상황에 초점을 맞추어 아빠의 기분을 이렇게 표현해 보자.

"빨리 숙제를 끝마쳤을 때랑 그렇지 않았을 때랑 어느쪽이 더 기분이 좋아? 네가 그것을 깨닫게 되어서(영향) 참

다행이구나. 네 덕분에 이렇게 가족이 한자리에 모여 시간을 보낼 수 있다니, 아빠는 너무 행복하단다."

부모로서 아이의 행동을 비웃는 태도는 절대 금물이다. 부모는 아이가 부정적인 생각을 갖지 않도록 각별히 신경을 써야 한다.

C처럼 "웬일이야?"라고 아이의 행동을 비웃거나 무시하면 반발심을 초래할 뿐이다.

"웬일이야?"라고 묻는 부모는 자신의 아이를 시켜야지만 하는 아이로 단정 짓고 있을 가능성이 높다. 이처럼 부모가 아이를 부정적으로 생각하면 아이도 자신을 부정적으로 바라보게 된다.

따라서 부모는 아이가 부정적인 생각을 갖지 않도록 각별히 신경을 써야 한다. 예를 들면, 다음과 같은 말로써 부모가 아이를 신뢰한다는 믿음을 보여주는 것이 바람직하다.

"엄마는 네가 스스로 잘 하는 아이라고 생각했는데, 정말로 그렇구나!"

아이가 멋진 모래성을 만들었을 때는?

A. "멋지게 잘 만들었구나!"

B. "재미있는 모양의 성이구나. 왜 이런 성을 만들었니?"

C. "성을 참 잘 만들었구나. 이 부분을 좀 더 세심하게 만져 보렴."

다양한 관점을
제시하라

아이들을 '잘했다', '못했다'로 평가하면 창의성을 발휘할 수 없다.

아이들이 공원 놀이터나 해수욕장에 가면 모래성을 짓고 논다. 누가 시켜서가 아니라 스스로 만들고 싶다는 생각에서 시작한다. 스스로 어떻게 만들 것인지 순서를 정하고, 시행착오를 겪으면서 완성한다. 아이들이 모래 장난을 하면서 바이탈리티 사이클이 선순환을 일으키는 상태다.

그런데 그런 아이에게 A처럼 "잘 만들었구나!"라는 칭찬 한마디로 상황을 얼버무린다면? 참으로 안타까운 일이 아닐 수 없다. 아이의 다양한 사고와 노력으로 탄생된 작품을 A는 '잘했다', '못했다'라는 단순하고 무미건조한 가치 기준으로 평가했기 때문이다.

이런 대화는 모처럼 선순환을 일으키기 시작한 아이의 바이탈리티 사이클을 멈추게 할 수 있다. 부모의 틀에 아이를 맞추려고 한다면, 바이탈리티 사이클은 더 이상 순환하지 않는다.

또한 C처럼 부모가 아이의 작품을 보고 "이 부분을 고쳤으면 좋겠다."라고 말하는 것은 아이가 만들고 싶어 하는 의도를 무시하는 행동이다. 이런 경우에도 바이탈리티 사이클은 멈출 수밖에 없다.

먼저 아이의 행동을 인정하고 나서 부모의 기분을 표현해야 한다. 만약 아이가 모래성 만드는 과정을 계속 지켜보고 있었다면, 먼저 아이의 행동을 인정해 주고 나서 느낌을 표현하는 것이 좋다. 예를 들어 모래성을 만드는 도중에 무너져도 마지막까지 포기하지 않고 완성한 경우, 독창적인 모양의 성을 만들었을 경우, 혼자 완성한 경우, 여동생과 협력해서 만든 경우 등 지켜보고 나서 알게 된 사실에 맞추어 인정해 주는 것이다. 다음과 같은 표현을 예로 들 수 있겠다.

"네가 마지막까지 혼자 열심히 만드는 모습을 보고 엄마는 기뻤단다."

"다른 사람은 절대로 흉내 낼 수 없는 성이구나. 아빠는 네가 어떤 성을 만들지 무척 궁금했는데, 이런 모양이었구나. 다른 아이들이 만든 모래성과는 비교할 수 없을 정도로 너무 멋지구나!"

"오늘은 어떤 성이 만들어질지 기대했는데, 기초를 잘

다지고 물 뿌리는 방법까지 혼자 생각하다니. 많은 것을 배웠구나!"

"몇 번이나 실패하더니 드디어 완성했구나! 실패하면서도 포기하지 않고 다시 만드는 모습을 보고 아빠는 우리 딸이 참 대견스러웠단다."

이런 표현으로 부모의 메시지를 전했다면, B처럼 "왜 이런 성을 만들었어?", "어떻게 만들고 싶었어?"라고 물어보자. 아이가 잘했을 때는 이유를 물어봐도 괜찮다.

아이는 누군가가 자신이 만든 것을 봐주기를 바라는 마음에서 만들었을 수도 있고, 누군가와 경쟁하고 싶은 마음에서 만들었을지도 모른다. 어쩌면 계속 실패했기 때문에, 반드시 성공하겠다는 마음으로 만들었다고 대답할지도 모른다.

아이에게 "만들어 보니 어땠어?"라고 물어보면, 지금 느끼는 기분만이 아니라 다음에는 어떻게 만들겠다는 계획을 말해 줄지도 모른다.

"만들어 놓고 보니 기쁘기는 한데, 이 부분이 맘에 안 들어서 속상해요. 다음에는 여기를 이렇게 만들 거예요."

아이의 눈에는 이 부분이, 부모의 눈에는 저 부분이 멋

져 보이는 등 보는 시각이 서로 다를 수 있다. 아이는 부모
와 서로의 생각을 주고받음으로써 사람들 사이에는 다양
한 견해가 존재한다는 사실을 배울 수 있다.

아이를 관찰할 때는
있는 그대로 받아들여라

'I 메시지' 사례를 통해 아이에게 건네는 인정하는 대화법을 알게 되었을 것이다. 이제부터는 아이와 인정하는 대화를 나누기 위한 마음가짐과 요령에 대해 설명하겠다.

아이를 인정해 주고, 인정의 메시지를 전하려면 아이에게 관심을 갖고 관찰하는 것이 매우 중요하다. 아이가 어떤 개성을 지녔는지, 지금 어떤 것에 관심을 보이는지, 어떤 것에 열중하고 있는지, 고민은 무엇인지, 좋아하는 친구는 누구이며 잘 맞는 친구는 누구인지 등 살며시 관찰하자.

"내 아이는 내가 가장 잘 알아!"

이렇게 말하는 부모들이 많다. 그런데 부모가 알고 있는 아이의 모습은 아이의 있는 그대로의 모습이 아닐 수 있다. 부모가 아이를 자신의 틀에 맞춰 넣고는 그렇게 생각하는 경우가 종종 있기 때문이다. 예를 들어, 자기 아이가 의젓한 편이라고 생각했던 부모가 선생님으로부터 '활발한 아이'라는 말을 듣고는 비로소 그런 면이 있다는 것을 깨닫는 경우도 있다.

그와 반대로 "친구들 사이에 끼지 못하고 다른 친구들이 노는 모습을 바라만 보는 경우가 많습니다."라는 말을 듣고는 '우리 애는 친구가 없어!', '사교성이 부족해!', '협동심이 없어!'라고 걱정하기도 한다.

하지만 실제로 잘 관찰해 보면 친구들 사이에 끼지 못해도 친구들이 노는 모습을 보고 즐거워하면서 그 사이에 끼려고 기회를 엿본다거나 친구들에게서 뭔가를 배우고 있는 아이도 있다. 선생님의 말을 곧이곧대로 믿을 것이 아니라, 아이가 친구들과 노는 모습을 잘 관찰해 보자.

아이는 하루하루 성장하면서
변한다

부모들은 학교 알림장을 보거나 아이의 친구들과 비교하거나 남들이 하는 말을 듣고는 아이의 성향을 단정해 버리는 경우가 있다. 예를 들면, 이런 식이다.

"우리 애는 운동신경이 없어요."

"블록 놀이는 좋아하는데, 인형에는 관심이 없답니다."

"우리 아이는 집중력이 부족하답니다."

하지만 아이들은 하루가 다르게 성장하면서 변하기 때문에, 어제 좋아했던 것과 오늘 좋아하는 것이 다를 수 있다. 친구들의 영향이나 사소한 것이 계기가 되어 관심 대상이 쉽게 변하기도 한다. 이처럼 아이들의 성격은 자라면서 서서히 형성되므로, 아이의 성격이 어떻다고 단정 짓지 않는 것이 좋다.

어렸을 때는 친구들과 잘 어울리지 않던 아이가 중학생이 된 후로는 같은 반 친구들에게 인기가 좋다거나 부끄럼을 많이 타던 아이가 학급 회장이 되었다는 이야기를 한 번쯤 들어보지 않았는가? 주변을 둘러보면 어디든 있는 일이다. 과거에 어땠느냐가 아니라 지금 눈앞에 있는 아이의 모습을 관찰하자. 또한 아이들을 관찰할 때는 '좋다', '나쁘다'는 일차원적인 관점에서 바라보지 말아야 한다.

　물론 부모의 입장에서 친구들과 어울리지 않는다는 선생님의 말을 들었을 때 걱정되는 것은 당연하다. 하지만 유년기에는 여러 명의 또래 친구들과 노는 것보다 자기 세계에서 혼자 노는 것이 더 즐거울 수 있다. 실제로 어떤 아이들은 곤충을 관찰하거나 혼자 블록을 쌓는 데 열중하기도 한다. 이런 탐구심과 집중력은 훗날 아이에게 큰 힘이 된다. 그러므로 '좋다', '나쁘다' 같은 일차원적인 관점에서 벗어나 아이를 있는 그대로 받아들이도록 노력하자.

Point

아이를 관찰할 때는 부모의 틀에 맞춰 단정 지어서는 안 된다. 또한 '좋다', '나쁘다'로 일차원적인 관점에서 바라보지 말고 있는 그대로 아이의 모습을 받아들이자.

아이와 대화할 때는
듣는 것에 집중하라

아이를 인정해 주려면, 아이를 잘 관찰하는 것이 무엇보다 중요하다. 하지만 현실적으로 하루 종일 아이를 관찰하는 것은 불가능하다. 그래서 아이에 대해 잘 알려면 관찰하는 것뿐만 아니라, 아이에게 직접 물어보는 것도 좋은 방법이 된다. 여기에서는 아이에게 질문을 하거나 이야기를 들어 줄 때 효과적인 방법과 요령에 대해 알아보도록 하자.

"우리 아들, 오늘은 뭐 했어?"

"누구랑 뭐하고 놀았어?"

이처럼 연달아 질문하는 것은 좋지 않다. 먼저 아이가 자연스럽게 이야기를 시작할 수 있는 분위기를 조성해야 한다. 예를 들어 "아들, 오늘은 기분이 좋아 보이네!"라고 운을 띄워 이야기를 꺼낼 수 있도록 유도하고, 아이가 이 야기를 시작하면 귀를 기울인다.

"엄마, 오늘은 피구를 했어요."

"응, 피구 놀이를 했구나!"

이처럼 아이의 말을 그대로 반복해서 이야기를 받아들 인다. 그리고 '누구랑 했어?', '잘 했어?', '누구를 맞췄니?', '이겼어? 졌어? 등으로 질문하지 말고 이야기를 더 듣는다.

"그래서 내가 보라하고 민준이를 맞췄어."

이때도 '누구를 맞췄다고? 대단한데!', '우리 아들 잘하는 구나!'라고 칭찬하고 싶은 마음이 굴뚝같아도 꾹 참고 이야 기를 끝까지 들어주는 것이 좋다. 그러면서 아이가 계속 이야기를 하도록 유도한다.

"그리고 동욱이도 맞췄어!"

"너 혼자 여러 명을 맞췄구나!"

"그랬더니 나중에 동욱이가 나를 맞췄어. 그런데 너무 아팠어."

"많이 아팠구나. 그래서 울었어? 다치지는 않고?"

이때도 "동욱이라는 녀석도 참! 공을 그렇게 세게 던지다니, 나쁜 아이구나!", "억울했어? 화가 났니?"라고 부모가 자기 멋대로 상황을 판단하거나 질문하지 말고, 아이의 이야기를 더 듣는다.

"괜찮았어, 엄마. 나는 피구가 너무 재미있었어!"

"그렇게 재미있어?"

이처럼 아이의 말에 호응해 주는 것이 좋다.

아이가 말할 때는 부모의 생각을 말하지 말고 끝까지 들어주어야 한다.

아이와 대화를 나눌 때는 아이의 말을 그대로 반복하면서 받아들이는 것이 매우 중요하다. 아이가 말하는 도중에 평가하거나 의견을 말하지 말고, 아이가 이야기를 마칠 때까지 질문하지도 말고 열심히 끝까지 들어준다. 그러면 아이들은 친구가 던진 공에 맞아 아프고 분했더라도 그런 일에 얽매이지 않고 자신의 속마음을 이야기한다.

부모가 먼저 "그 친구가 나빴구나!", "억울했니?"라고 의견을 제시하게 되면 재미있다고 생각했는데도 '그게 나쁜 일이었나?', '억울한 일이었나?'라고 생각하여 부모의 말에 영향을 받게 된다. 그리고 자신의 실제 기분을 제대로 느끼지 못하게 된다.

또한 부모는 아이가 이야기를 마치더라도 "또 다른 일은 없었니?"라고 물어보는 것이 좋다. 그러면 아이가 미처 말하지 못했던 것들을 이야기해 주기 때문에, 아이의 심리 상태를 좀 더 정확하게 파악할 수 있다.

이처럼 아이가 이야기를 할 때는 중간에 끊지 말고 끝까지 들어주도록 노력하자.

Point

아이와 대화를 나눌 때는 가급적 질문을 하지 말고 듣는 것에 집중해야 한다. 아이의 이야기를 중간에 끊는다거나 평가한다거나 제멋대로 해석하지 말고 끝까지 듣는 것이 무엇보다 중요하다.

결과가 좋지 않을 때는
노력한 과정을 인정해 줘라

아이가 만들어낸 결과물이 기대에 미치지 못했을 때는 어떻게 인정해 주면 좋을까?

아이가 열심히 노력하고 연습했는데도 시합에 진 경우, 열심히 공부했는데도 좋은 점수를 받지 못했을 경우에는 결과에 이르기까지의 행동이나 과정을 인정해 주도록 한다. 다만, "열심히 했구나!" 같은 추상적인 말을 건네는 것이 아니라 어떻게 노력했는지 구체적인 내용이 담긴 말로 표현해야 한다. 예를 들면, 다음과 같은 표현이 바람직하겠다.

"오늘은 시험에 대비해서 문제를 차근차근 풀었구나!"

"놀러가지 않는 대신에 시간을 잘 활용했구나!"

"연습이 힘들었을 텐데, 잘 참아냈구나!"

"목표를 달성하기 위해 열심히 노력하는 네가 자랑스럽구나!"

그런데 결과에 이르기까지의 과정이 좋지 않았을 경우에는 어떻게 하면 좋을까? 그럴 때는 하고 싶었는데 하지 못했거나 계획은 세웠는데 실행에 옮기지 못했을 경우에는 '하려고 했던 자세'를 인정해 주자.

예를 들면, "이번에는 미리 계획을 세워서 잘 하려고 했구나!" 같은 말로 구체적으로 인정해 주는 것이다. 혹은 아이가 결과를 받아들여 반성하고 있다면 반성하는 자세를 인정해 준다. 예를 들어, 아이가 "엄마, 이번에는 준비가 부족했어요. 다음번에는 좀 더 일찍 준비해야겠어요."라고 말하면 이렇게 말해 주자.

"결과를 남의 탓으로 돌리지 않고 자기 책임으로 받아들일 줄 아는 네 모습을 보니 엄마는 무척 기쁘단다."

"다음에는 어떻게 준비해야 하는지를 알았으니까, 엄마는 좋은 결과가 나올 것이라 믿는다."

"엄마는 우리 딸이 열심히 노력한 것만으로도 흐뭇하단
다. 다음에는 계획을 좀 더 구체적으로 세우면 잘 될 거라
고 믿어."

Pont!

결과가 좋지 않을 때는 노력한 과정을, 과정이 좋지 못했을 때는
실행하려고 했던 마음 자세를 인정해 주자.

좋은 일뿐만 아니라
나쁜 일도 인정해 줘라

아이가 잘못된 행동을 했을 때, 당신은 어떤 말을 건네는가?

"그런 행동을 하면 안 되잖아. 커서 뭐가 되려고 그러니!"

"그러면 나쁜 아이라는 걸 모르니!"

이런 말로 아이를 혼내는가?

아이들은 '나쁜 아이'라는 말을 들으면 자신의 인격이 부정당했다는 슬픔으로 인해 마음의 상처를 입는다. 그리고 부모가 그런 말을 반복하면 '나는 어차피 그런 아이니까.', '뭘 해도 안 되니까.'라고 생각하여 자신감을 잃거나 점점 비뚤어져서 자신에 대한 부정적인 감정을 갖게 된다. 또한 자기는 나쁜 아이라서 엄마가 좋아하지 않는다는 의심을 품게 된다. 그 결과 아이는 자신감을 잃을 뿐만 아니라, 새로운 것에 도전하려는 의욕도 상실하게 된다.

현실을 제시하고, 아쉽다는 마음을 전하라

아이가 잘못된 행동을 했을 때는 혼낼 것이 아니라 일단 I 메시지로 인정해 주자. 그러고 나서 현실을 구체적으로 이야기해 주면서 '~했으면 좋겠다'는 의도를 담아 부모의 솔직한 마음을 전한다. 다음 표현을 참고하라.

"네가 동욱이를 때렸다고 들었어. 엄마는 네가 다른 친구를 배려할 줄 아는 아이로 자라길 바랐는데, 무척 아쉽구나!"

이런 표현을 쓸 때는 '너는 나쁜 아이'라고 '너'를 주어로 쓰지 말고 '엄마는 슬프구나!', '엄마는 안타깝구나!'처럼 자신을 주어로 사용해서 솔직한 기분을 전달해야 한다. 하지만 다른 아이가 다칠 정도로 위험한 행동을 했을 때는 곧바로 제지해야 하며, 위험한 행동이 초래할 결과에 대해 분명하게 알려 주어야 한다.

"엄마는 네가 다치는 것은 물론 다른 아이를 다치게 하지 않았으면 좋겠어. 그런데 조금 전에 가위를 들고 쫓아다녔지? 그러다가 넘어지기라도 하면 어떡하니? 네가 다치거나 친구를 다치게 하지 않겠어? 그러면 너도 친구도 병원에 입원해야 할지도 몰라. 그걸 생각하면 엄마는 너무 걱정이 되는구나."

여기서 중요한 것은 가위를 들고 쫓아다니는 위험한 행동을 하지 않도록 가르치는 것이다. 또한 아이와 친구가 부상을 입지 않도록 예방하는 교육이 무엇보다 중요하다.

예를 들어, 축구 연습에 늦은 아이에게는 어떻게 말해 줘야 할까?

"네가 집합 시간에 안 왔기 때문에, 시간에 맞춰 연습을 시작하지 못했어. 그래서 연습이 계획한 대로 진행되지 못했단다. 네가 지각하는 바람에 시간을 지킨 친구들이 실망하면 어쩌니? 그러니까 팀원들이 실망하지 않도록 했으면 좋겠구나."

"네가 팀원들에게 신뢰받는 아이가 되었으면 좋겠어. 그런데 이렇게 집합 시간에 늦거나 참석하지 않아서 팀원들의 신뢰를 잃을까 봐 걱정스럽구나."

이처럼 덮어 놓고 혼낼 것이 아니라 아이의 행동이 본인과 다른 아이들에게 미치는 영향을 이해할 수 있도록 말해 주어야 한다. 그리고 지각하지 않고 제시간에 맞춰 왔을 때는 그런 행동이 팀원들에게 얼마만큼 좋은 영향을 미치는지에 대해서도 알려 준다. 더불어 부모로서의 기쁘거나 슬픈 마음을 솔직하게 말해 준다.

Point

'문제아', '나쁜 아이'라는 말로 아이를 꾸짖으면 자기 존재가 부정당하고 있다는 생각을 갖게 되고, 그 결과 아이는 자신감을 잃고 만다. 따라서 아이가 잘못된 행동을 했을 때는 구체적인 사실과 그에 따른 결과를 이해할 수 있도록 설명해 주어야 한다.

자녀 교육 철학을 가져라

아이를 인정해 주려면 '~했으면 좋겠다'는 의도와 배경, 비전을 제시하라고 강조했다. 그러기 위해서는 평소에 아이가 어떤 사람으로 성장했으면 좋겠다는 부모의 기대감을 자주 이야기해 주는 것이 좋다. 예를 들면, 이런 표현을 사용할 수 있겠다.

"네가 자상한 사람이 되었으면 좋겠구나!"

"네가 강인한 사람이 되었으면 좋겠구나!"

"다른 사람에게 도움을 줄 수 있는 사람이 되었으면 좋겠구나!"

"자신을 자랑스럽게 여길 줄 아는 사람이 되었으면 좋겠구나!"

부모는 아이를 관찰하면서 아이에게 무엇을 기대하고 있는지를 잘 생각해 보고 탐구할 필요가 있다. 이런 부분에 대해서는 부부가 서로 진지한 대화를 나누는 것이 매우 중요하다. 그리고 부모로서의 기대감을 표현할 때는 아이에게 다양한 관점을 제시하는 것도 중요하므로, 부모의 생각이 서로 달라도 무방하다.

앞에서 이야기한 아이에 대한 기대는 '착한 아이', '할 수 있는 아이' 등의 현실성 없는 이상적인 모습이나 '1등을 했으면 좋겠구나!' 같은 평가 기준으로 측정하는 것이 아니다. 따라서 여기에서 말하는 부모의 기대는 아이가 세상을 살아가는 데 필요한 '철학'이라고 할 수 있겠다.

부모가 큰 그릇에 이런 철학을 담아 아이에게 제시하면, 아이는 그것을 토대로 부모와 함께 또는 혼자 탐구하게 된다. 그리고 자신만의 철학을 갖게 된다. 여기서의 철학은 하나가 아니라도 상관없다. 또한 철학까지는 아니더라도 조금은 구체적인, 즉 사회생활을 하는 데 필요한 능력을 갖추었으면 좋겠다는 정도의 기대감을 제시하는 것으로 충분하다. 다음과 같은 기대감을 예로 들 수 있겠다.

"아빠는 네가 친구들과 협력할 줄 아는 아이가 되었으면 좋겠구나!"

"자기 의견을 말하는 동시에 다른 사람의 의견도 들을 줄 아는 아이가 되었으면 좋겠구나!"

"엄마는 네가 포기하지 않고 끝까지 해내는 아이가 되었으면 좋겠어."

아이에게 자상한 사람이 되었으면 하는 바람이 있다면, 자상하다는 것의 의미가 무엇인지 대화를 통해 아이가 구체적으로 이해할 수 있도록 알려 주면 된다. 그러기 위해서는 아이가 자상한 행동을 했을 때, 그것을 인정해 주어야 한다. 또는 주변 사람들의 모범적인 행동을 발견했을 때, 그 자리에서 아이에게 설명해 주는 것이 좋다. 예를 들어, 전철역에서 유모차를 들고 올라가는 여성을 도와주는 사람을 목격했다면 이렇게 말해 준다.

"저 형은 유모차 드는 것을 도와주네. 참 자상한 사람이구나!"

또는 TV 드라마를 보다가 자상한 장면이 나오면 이렇게 말해 줄 수 있다.

"저 주인공은 상대방의 기분을 이해해 주는 참 자상한 사람이구나!"

아이와 이런 대화를 나누려면 부모 자신이 평소에 자상하다는 것의 의미가 무엇인지, 그리고 어떤 행동이 자상한 행동인지에 대해 생각해 보고, 관찰하고, 탐구해야 한다.

내 경우를 예로 들자면, 나는 평소에도 아이에게 '멋진 사람'이 되었으면 좋겠다는 말을 자주 한다. 내가 생각하는 '멋지다'의 의미는 무슨 일이든 끝까지 해내는 것, 그리고 자신의 의견을 분명하게 말할 줄 아는 것이다. 그래서 기회가 있을 때마다 구체적인 예를 들어 말해 주고 있다.

Point!

자기 아이가 장래에 어떤 사람이 되었으면 좋겠다는 육아 철학을 가지고 있어야 하며, 평상시에 그것을 아이에게 제시해야 한다. 또한 부모는 육아 철학에 대해 항상 탐구하는 자세를 가져야 한다.

유년기에는 사랑한다는
메시지를 듬뿍 줘라

갓 태어난 아기는 얼마 동안은 엄마 배속에 있었을 때처럼 엄마와 자신을 하나라고 생각한다. 이른바 '모자 밀착'의 시기다. 23쪽에서 이야기한 모자 일체감처럼 유아기에는 부모를 비롯해서 주변 사람들의 사랑을 듬뿍 받고 부모의 사랑을 느끼는 것이 매우 중요하다.

아이들은 자신이 사랑받고 있다는 안정감이 들 때 자존심이 생기고, 주변 사람들을 믿는 기본적인 신뢰를 형성하게 된다. 그렇게 성장해야 다른 사람을 인정하거나 사랑할 수 있게 되며, 불안감을 갖지 않고 행복하게 살아갈 수 있다. 따라서 유년기에는 아이가 사랑받고 있다는 감정을 충분히 느끼도록 해 주는 것이 무엇보다 중요하다.

심리적으로 건강한 아이로 키우고 싶다면 사랑한다는 메시지를 자주 표현하고, 애정을 듬뿍 쏟자. 유년기(3~10세)에는 머리를 쓰다듬으며 '착한 아이'라고 말해 주거나 '대단하다'고 칭찬해 줘도 아무런 문제가 없다. 오히려 이 시기에는 더욱더 칭찬해 주는 것이 좋다.

아이를 안아 주거나 살을 맞대고 놀아주는 등 스킨십을 충분히 나누고, 사랑한다는 메시지를 끊임없이 전해 주자. 유년기에는 인정해 주는 육아법을 적용할 필요가 없다.

세 살부터 인정 육아법을 시작하라

사람에 따라 개인차가 있겠지만, 아이들은 두 살 무렵부터 '싫다'는 말이 많아지고, 세 살이 되면 자기가 하겠다는 의사를 강하게 표시한다. 자아가 눈을 뜨기 시작하는 시기다. 그래서 부모의 말을 듣지 않으려 하거나 반항하는 일도 잦아진다. 부모와 자신이 서로 다른 존재라는 것을 깨닫게 됨으로써 친구와 타인을 인식하게 되는 것이다.

세 살부터 열 살까지는 서서히 자아가 발달하는 시기다. 그러므로 이 시기부터 조금씩 인정해 주는 메시지를 늘려 나가도록 하자. 물론 친구나 형제자매와 비교한다거나 점수나 성적으로 아이를 평가하거나 칭찬하는 것은 피해야 한다. 하지만 단순한 애정 표현으로 '착한 아이구나!', '대단한데' 같은 칭찬은 상관없다.

아이들은 두 살부터 조금씩 자립해 나가는데, 인정 육아법은 어느 정도 자립한 아이를 대상으로 삼는다. 그러므로 세 살부터 갑자기 적용하는 것은 무리가 따른다. 따라서 인정 육아법을 조금씩 적용하면 된다. 예를 들어 '네가 ~ 했으면 좋겠다'는 의도를 담아 대화하는 것은 물론 아이의 현실을 인정해 주고, '나'를 주어로 사용해서 부모의 솔직한 기분을 조금씩 전달해 나가자.

또한 자주 안아 주고 사랑한다고 말해 주자. 밤에 아이 혼자 잠들지 못하면 같이 자는 등 아이가 사랑받고 있다는 안정감과 편안함을 느낄 수 있도록 하면서 인정하는 메시지를 조금씩 늘려 나간다. 그리고 정을 듬뿍 쏟는 것도 중요하지만, 아이가 스트레스를 받고 힘들어 할 때는 아이의 이야기를 진지하게 들어주는 것도 필요하다.

아이가 이미 열 살이 넘은 경우라도 늦지 않았으니 인정 육아법을 적용해 보자. 다만, 열 살 이상인 아이에게 인정해 주는 메시지를 전달하기 시작한 경우에는 갑자기 대화법을 바꾸지 말고 조금씩 변화를 주는 것이 좋다. 먼저 첫 번째 단계인 현실을 인정하고 부모의 솔직한 기분을 전하는 것부터 시작해 보자.

Point!

아이들은 세 살 무렵부터 자아에 눈을 뜨기 시작하고, 열 살이 되는 시기까지 발달한다. 아이가 세 살이 되면 인정해 주는 메시지를 조금씩 늘려 나간다.

1

부모에게도 선뜻
말하지 못했던 어린 시절

유년 시절의 나는 부모님께 언제나 칭찬을 받으
며 자랐다.

"참, 착하구나!"

"예쁜 우리 딸!"

"우리 딸 대단한데!"

하지만 '~하니까 착한 아이구나!'처럼 조건이 붙은 칭찬
은 들은 적이 없다. 그저 '참, 착하구나!', '예쁘네!', '대단
해!'라는 말을 들으며 자랐다. 그 덕분에 무럭무럭 잘 자랐

다고 생각했다. 무슨 일이든 자신감을 가지고 스스로 결정하고, 행동한다고 믿었다. 평가를 받으며 자랐다고 생각한 적은 한 번도 없었다. 그런데 돌이켜보면 한 가지 기억나는 일이 있다.

초등학교 6학년이었을 무렵, 그 당시 유행했던 테니스 교실에 들어가고 싶어 친구와 함께 스포츠 소년단에 가입했다. 테니스 라켓과 신발도 받았다.

꿈에 그리던 일이 현실로 일어났다며 뛸 듯이 기뻤던 나는 스포츠 소년단에 들어가 열심히 연습했다. 라켓을 잡고 스윙 연습을 하던 어느 날, 옆에 친구가 앉아 있는 것을 보지 못한 채 라켓을 휘두르고 말았다. 내 라켓에 얼굴을 맞은 친구의 얼굴은 순식간에 크게 부어올랐다.

돌이켜 생각해 보면 그때는 너무 두렵고 무서운 나머지 집에 어떻게 돌아왔는지조차 기억이 나지 않는다. 그리고 집에 도착하면 엄마에게 가장 먼저 말하겠다고 굳게 결심했지만 막상 집에 와서 엄마를 보니 차마 입이 떨어지지 않았던 것 같다.

"오늘 학교에서는 재미있었니?"라고 묻는 엄마에게 "네……"라고 대답하고 말았다. '지금 말하자! 지금! 지금!

지금!'이라고 속으로 되뇌었지만, 저녁 식사를 할 때까지도 말하지 못했다. 결국 늦은 저녁 시간에 친구 엄마가 전화를 했고, 사건의 전말을 알게 된 엄마는 내게 "왜 말하지 않았니?"라고 물었다.

그때는 나 자신이 너무 부끄럽고 한심한 나머지 슬프기까지 했다. 지금 생각해 보면 유년 시절의 나는 엄마에게 '착한 아이'로 남고 싶었던 것 같다. '친구를 다치게 한 나쁜 아이'라는 엄마의 평가가 두려워서 떨고 있었던 것이다.

지금도 내 안에는 어떤 큰 문제에 직면하거나 실수로 빚어진 결과에 대해 변명을 하거나 도망치려는 또 다른 내가 있다. 나는 다른 사람의 평가에 예민하게 반응하고, 신경을 많이 쓰는 편이다.

이런 내 모습을 무의식적으로 혐오했기 때문일까? 나는 세 명의 내 아이만큼은 되도록이면 칭찬이 아니라 인정해 주면서 키우려고 했다. 그래서 개구쟁이인 둘째 아이는 학교에서 친구와 다투거나 때리고는 집에 오면 곧바로 "있잖아, 엄마. 나도 나빴는데……"라고 말하며 친구와 있었던 일을 이야기해 주었다. 어떻게 말해야 할지 집에 오는 내내 갈등하고 고민했을 텐데, 집에 오자마자 가장 먼저 나에게 달려와 말해 주었던 것이다.

나는 아이들의 성실함과 정직함을 통해 배우는 것이 많았다. 그럴 때마다 이렇게 말해 주었다.

"곧바로 엄마에게 말해 줘서 고마워. 엄마는 네가 말해 줘서 다친 친구의 엄마에게 미안하다고 사과할 수 있었어. 네가 솔직하게 말해 주면 큰 도움이 된단다."

아이들은 이제 훌쩍 커서 대학생과 고등학생이 되었다. 자신의 꿈을 이루기 위해 스스로 길을 선택하기 시작했다. 물론 부모로서 걱정되는 부분이 많지만, 다른 사람의 시선이나 평가에 아랑곳하지 않고 자신이 가고 싶은 길을 찾아 흔들림 없이 당당하게 헤쳐 나가고 있다.

요즘은 학교와 회사에서 수많은 평가가 이루어진다. 하지만 나는 '인정해 주는 대화법'을 고수하려고 한다. 아이들이 스스로 생각하고, 스스로 결정하고, 스스로 행동하는 것을 인정해 주고, 설령 실패나 좌절이 닥쳐오더라도 맞서 싸우고 이겨낼 수 있는 강인함을 심어 주려고 한다.

2
엄마를 위해 싫어하는 공부를
선택했던 아들

하나 밖에 없는 아들이 행복하게 무럭무럭 자랐으면 하는 마음에서 다양한 시도를 해보았다. 자녀 교육에 관한 책을 읽다 보니, 아이는 칭찬하면서 키워야 한다고 조언하기에 아들을 칭찬하면서 키웠다. 그랬더니 아들 녀석도 공부가 재미있다며 열심히 했다.

아들과 함께 유아용 학습지도 함께 풀었는데, 아들이 문제를 틀리더라도 "잘했어!"라고 칭찬한 후 답을 바로 잡아 항상 만점으로 점수를 매겼다. 그러고는 이렇게 칭찬했다.

"우리 아들은 대단하구나! 훌륭해!"

아들도 기뻐하며 열심히 문제를 풀었다. 그리고 유아기에는 이 방법이 좋았다고 생각한다.

아들이 초등학교에 입학한 후에는 스스로 알아서 하는 아이가 되기를 바랐다. 하지만 이 시기부터 내 뜻대로 되지 않았다. 뭔가 잘못되었다고 깨달은 나는 아이를 자세히 관찰하기 시작했다. 아니나 다를까. 아이는 공부하기 싫으면서도 문제지를 억지로 풀고 있었다.

그런데 이상한 점은 아들이 문제집을 풀고 싶다면서 사달라는 것이었고, 나는 아들이 원하니까 하는 수 없이 계속 사줬다. 하지만 내 눈에는 하기 싫은데 억지로 공부하는 모습이 보였다. 결국 구입해 놓고 손도 대지 않은 문제집이 차곡차곡 쌓여 갔다. 그래서 아들에게 물어보았다.

"정말로 문제를 풀고 싶은 거니?"

"네, 풀 거예요."

"풀고 싶지 않으면 쉬어도 괜찮아."

"풀 거예요."

아들은 이런 식으로 저녁에 하겠다, 내일 하겠다, 주말에 하겠다는 등 핑계만 대며 계속 미루었다. 결국 너무 걱정스러운 나머지 화가 치밀어 소리를 지르고 말았다. 그러고는 문제집을 사주지 않기로 결심했다. 그러자 아들 녀석이 속마음을 털어놓았다.

"사실은 문제를 풀고 싶지 않았어요. 문제를 풀면 엄마가 좋아하니까 하고 싶다고 한 거예요. 죄송해요."

충격 그 자체였다. 엄마가 좋아하고, 엄마에게 칭찬받고 싶어서 그랬다는 것을 처음으로 알게 되었다. 그리고 이 상태가 계속 된다면 내가 바라던 '스스로 공부하는 아이'는 절대로 불가능하다는 생각에 자녀 교육법을 바꿔 보기로 결심했다. 그러던 시기에 이 책의 저자인 기시 선생님을 만났다.

선생님의 강좌는 그야말로 새로운 세계였다. 나 자신이 얼마나 우물 안 개구리였는지를 깨닫게 해 주었다. 내가 했던 칭찬은 아들에게 착한 아이가 되라는 강요에 지나지 않았고, 내 마음에 들 때만 칭찬했던 행동을 반성하는 계기가 되었다. 아들이 스스로 공부하기를 기대하면서도 아들에게 스스로 할 수 있는 힘을 길러 주지 못했던 것이다.

지금은 인정해 주는 육아법으로 아이를 키우고 있다. 아이가 하는 행동을 있는 그대로 받아들이고, 아이를 지켜봐 주고 있다. 역시 공부도 본인의 방식을 존중해 주고, 인정해 주면 엄청난 능력을 발휘하는 것 같다.

아들이 학교 수업 시간에 '레분토礼文島'라는 섬에 대해 배운 모양인데, 유난히 그곳에 관심을 보였다. 그러더니 이런 말을 꺼내는 게 아닌가.

"엄마, 레분토 섬에 가보고 싶어요. 가서 확인해 보고 싶은 게 있어요."

그래서 여름방학 때 아들을 데리고 레분토 섬을 방문했다. 아들은 그곳에 가자마자 관공서 관광과를 찾아가더니 직원에게 이것저것 묻기 시작했다.

"저는 삿포로에 사는 학생인데요. 레분토 섬에 대해 알고 싶어서 직접 찾아왔어요. 그리고 제가 알고 싶은 것이 있는데, 혹시 가르쳐 주실 수 있나요?"

나는 아들과 함께 섬 인구에 관한 최신 정보와 레분토 섬의 식물, 개불알꽃의 실물, 섬 내의 학교와 진료소 등을 견학했다. 아들은 궁금했던 것을 알기 위해 적극적으로 찾아다녔고, 내 예상을 뛰어넘는 엄청난 결과를 얻어냈다.

아이를 인정해 주는 육아법이 얼마나 대단한 것인지를 실감하지 않을 수 없었다.

④
인정해 주는 대화법으로
커뮤니케이션하라

'어른들도 인정받고 싶어 한다.'

어른들도 평가하고 칭찬하는 방법보다는 인정해 주는 방법이 직원들 간의 커뮤니케이션을 원활하게 만든다. 또한 직원들 각자의 바이탈리티 사이클이 선순환을 일으켜 훨씬 더 뛰어난 능력을 발휘할 수 있다.

인정받는 것을 좋아하기는
어른도 마찬가지다

어른들의 세계에서도 상사가 부하 직원을 칭찬하고, 남편이 아내를 칭찬하면 인간관계가 좋아져서 일이 잘 풀린다고 하는데, 실제로는 어떨까?

존경하는 상사가 칭찬해 주면 기쁠 것이다. 하지만 그렇지 않은 상사가 "이번 달에는 열심히 했군. 아주 훌륭해!"라고 칭찬하면 오히려 반발심이 생길지도 모른다.

부부관계에서 남편이 아내에게 "요리 솜씨가 많이 늘었네. 역시 당신은 노력파야. 멋지군!"라고 말하면서 마치 상사가 부하 직원을 대하듯 칭찬한다면 기분이 좋을까? 이런 칭찬보다는 다음과 같이 말하면 어떨까?

"매일 맛있는 요리를 만들어 줘서 고마워. 오늘 밖에서 무척 힘들었는데, 당신이 만든 요리 덕분에 큰 힘이 됐어."

이처럼 남편이 인정해 주는 메시지를 건넨다면 아내의 입장에서는 기분이 좋을 것이다. 또한 아내는 내일도 남편을 위해 맛있는 요리를 만들고 싶다는 생각이 들 것이다.

인정해 주는 메시지의 관점에서 보면 일의 성과를 평가하는 것도 바람직하지 않다. 실제로 교원 평가제를 도입한 결과 선생님들이 학생에게 신경을 쓰기보다는 상사의 눈치를 보거나 평가에만 신경을 쓰는 것으로 조사되었다고 한다. 또한 애로 사항을 교장이나 교감에게 상담하지 못하고 혼자 고민하는 선생님들도 많아졌다고 한다.

이와 마찬가지로 기업에서도 성과에 따른 평가 제도를 도입한 이후 동료를 비방하거나 후배 사원들을 챙기지 않는 직장인들이 늘었다고 한다. 오히려 직원들의 사기가 저하되어 평가 제도를 재검토하기 시작한 회사도 적지 않다.

따라서 어른들도 평가하고 칭찬하는 방법보다는 인정해 주는 방법이 직원들 간의 커뮤니케이션을 원활하게 만든다. 또한 직원들 각자의 바이탈리티 사이클이 선순환을 일으켜서 훨씬 더 뛰어난 능력을 발휘할 수 있다.

어른들의 세계에서도 인정해 주는 메시지를 사용하면 내면의 잠
재된 능력을 이끌어낼 수 있다.

회사에서도 칭찬보다는 인정해 줘라

일하는 부모는 아이들을 대할 때와 마찬가지로 직장에서도 인정해 주는 메시지를 건네 보자. 부하 직원이나 후배가 열심히 일할 수 있도록 동기를 부여하는 데는 인정해 주는 메시지가 훨씬 더 효과적이다. 집에서 자녀들을 인정해 줄 때와 마찬가지로 좋은 일이든 나쁜 일이든 현실을 있는 그대로 인정해 주자. 직장에서 부하 직원이나 후배가 지각했을 때를 예로 들어 보겠다.

'I 메시지(의도적인 메시지)'로 '의도'를 가지고, '현실'을 인정한 후 본인의 '솔직한 마음'을 전한다(63쪽을 참조).

"자네가 스스로 알아서 할 수 있는 사람이 되었으면 좋겠네(~했으면 좋겠다는 마음)."

"오늘은 미팅 시간에 늦었더군(현실에서 일어난 행동)."

"이렇게 지각이 잦으면 자네에 대한 신뢰가 떨어지고, 직장 분위기가 안 좋아질 것 같네(영향)."

"자네가 걱정되어 하는 말이네(실제 기분)."

규칙이니까 시간을 지켜야 한다거나 사회인으로서 시간을 지키는 것은 기본 상식이라는 말로 꾸짖을 것이 아니라, 지키지 않으면 어떤 일이 일어나고, 지키면 어떤 일이 일어나는지를 구체적으로 제시하는 것이 중요하다.

지각하면 문제 삼겠다는 식의 말로 끝난다면 그런 말에 익숙해져서 또 다시 지각할 것이다. 하지만 그 다음날에는 지각하지 않았다면 그 사실을 인정해 주자.

"자네가 오늘은 시간에 맞춰 출근하고, 미팅에도 적극적으로 참여하니까(실제 행동) 아침부터 회사 분위기가 활기차군. 나도 기분이 좋네(실제 마음)."

시간을 지켰을 때는 지킨 사실을, 지키지 못했을 때는 지키지 못한 사실을 칭찬하거나 지적하지 말고 인정해 주는 것이 더 효과적이다.

아르바이트나 계약직으로 근무할 때도 동료들과 기분 좋게 일하기 위해 인정해 주는 대화법을 실천해 보자.

"바쁠 때마다 먼저 도와주겠다고 말을 걸어 줘서 고맙게 생각하고 있어요. 저에게는 큰 힘이 된답니다."

"볼 때마다 항상 밝게 인사해 줘서 직장 분위기가 좋아지는 것 같아요. 덕분에 저도 기분이 좋아진답니다."

'역시'라는 말에도 인정해 주는 메시지가 담겨 있다

칭찬에는 상하 관계가 존재한다. 위에서 아래로 사람을 평가하기 때문이다. 하지만 인정해 주는 메시지에는 상하 관계가 없다. 그래서 나이가 많은 동료나 상사를 인정해 주더라도 문제될 것이 없다. 예를 들어 다음과 같은 인정해 주는 메시지를 건네는 것은 평가가 아니기 때문에, 상대방은 진심으로 기뻐할 수 있다.

"B사의 주문을 받아 내다니, 역시 대단하세요. 진행 상황을 자세히 들었는데, 너무 감동적이었어요."

덧붙여 '역시'라는 말은 비교하거나 평가를 하는 칭찬의 말이 아니다. 자신이 생각하고 있던 대로 상대방이 대단한

사람이라는 것을 인정해 주는 말이다. 윗사람에게도 쓸 수
있는 말이니 적극적으로 사용해 보자. 또한 직장에서 뿐만
아니라, 웃어른에게도 인정해 주는 메시지를 전해 보자.

Poin!

직장에서 동료나 부하 직원을 대할 때도 인정해 주는 메시지는
매우 효과적이다. 아르바이트나 임시직으로 근무할 때도 기분
좋게 일하기 위해 인정해 주는 대화법을 사용해 보자.

학부모회에서도 통하는
인정해 주는 대화법

학부모회에 참여해서 다른 학부모들과 함께 활동하는 것도 쉬운 일이 아니다. 위킹맘과 육아맘의 스케줄이 서로 맞지 않다 보니 일정을 정하는 데 어려움을 겪기도 한다. 또한 기분 좋게 적극적으로 일하는 사람이 있는가 하면, 일을 하면서도 마지못해 한다는 듯이 비협조적인 사람도 있다. 게다가 바쁘다는 이유로 모임에 빠지는 사람도 있다. 이처럼 다양한 구성원이 모여서 힘들다고 생각될 때 인정해 주는 대화법을 적극 활용할 필요가 있다. 예를 들어, 당신이 학부모회에서 홍보를 담당하게 되었다고 가정하자. 가을철 홍보물 제작을 위해 운동회에서 사진을 찍어 준 학부모와 홍보물 편집을 맡아 준 학부모에게 이렇게 말해 보자.

"민준이 아빠가 찍은 사진을 보니 아이들 표정을 잘 잡으셨더군요. 학창 시절에 사진 동아리에서 활동하셨다고 들었는데, 역시 대단하시네요!"

"인준이 엄마가 보기 좋게 편집한 덕분에 멋진 홍보물이 될 수 있을 것 같아요. 감사합니다."

"바쁘실 텐데, 선생님들 대상으로 설문 조사를 맡아 주셔서 감사합니다. 학교에도 자주 나와야 하고, 바쁜 선생님들을 독촉하느라 힘드셨죠? 제가 큰 도움을 받았습니다."

이처럼 인정해 주는 말을 건네면, 상대방은 적극적으로 협조하고 싶다는 생각을 갖게 된다. 반드시 시도해 보기 바란다.

Point!

학부모회에 참여했을 때도 인정해 주는 대화법을 활용하면 학부모들과의 커뮤니케이션에 큰 도움이 된다.

선생님과 대화할 때도
'I 메시지'를 활용하라

학부모로서 학교 선생님에게 아이에 관한 일을 부탁하고 싶을 때, 당신은 어떻게 말하는가? 예를 들어 최근에 아이가 부쩍 말수도 줄어들고, 집에 와도 의기소침해 있다고 가정해 보자. 이럴 때 "요즘 우리 아이가 이상해요. 주의 깊게 살펴 주세요."라고 말하기보다는 구체적인 사실을 들어 부모로서의 솔직한 마음을 전하는 I 메시지를 활용해 보자.

"요즘 우리 아이가 집에 돌아와도 학교 친구들과 있었던 일을 전혀 말하지 않아요. 선생님, 많이 바쁘시겠지만 우리 아이가 친구들과 놀 때 뭔가 달라진 점은 없는지 주의 깊게 살펴보시고 이상한 점이 발견되면 말씀해 주세요."

이렇게 말하면 선생님이 아이의 어떤 부분을 관찰해야 하는지를 파악할 수 있고, 아이의 행동도 쉽게 기억할 수 있다. 나중에 선생님이 부탁을 잘 들어주었다면 감사의 마음을 전하는 것도 잊지 말자.

"지난번에 부탁드렸던 일은 너무 감사했습니다. 알려 주신 대로 친구 이야기를 살짝 꺼냈더니, 그 친구와 다투어서 속상하다고 하더군요. 그리고 저에게 이런저런 이야기를 털어놓아서 문제를 잘 해결했습니다. 그 친구와 화해를 했는지 아이의 기분도 훨씬 나아졌습니다. 많이 걱정했었는데, 이제는 안심이 됩니다. 선생님의 도움에 뭐라고 감사의 말씀을 드려야 할지 모르겠습니다."

담임선생님이나 학원 선생님 혹은 어린이집이나 유치원의 선생님, 또래 친구의 부모도 모두 똑같은 인간이다. 요구나 비난만 한다면 기분이 좋을 리 없다. 반대로 자신의 행동이 좋은 결과로 이어졌다는 말을 들으면 기뻐할 것이다.

부모가 주변 사람들과 원만한 관계를 맺지 못해서 관계가 악화되면, 그런 상황에서 자란 아이는 부정적인 영향을

받는다. 아이와 관련된 사람들과도 원만한 관계를 맺도록
하자.

학교 선생님이나 학원 선생님 등 아이와 관계된 사람에게 부탁
을 할 때도 있는 그대로의 사실을 전달하고, 부모로서의 솔직한
마음을 전하도록 하자.

시댁 어른들에게도 'I 메시지'를
활용하자

당신은 시댁 어른들과 어떤 대화를 나누는가?

예를 들어, 시아버지가 손자 혹은 손녀와 놀아 주거나 시어머니가 반찬을 만들어 주셨을 때 당신은 어떤 말을 건네는가?

"아버님, 민준이와 캐치볼 하시는 걸 보니 아직 실력이 좋으신데요. 힘도 넘치시고요. 요즘 휘트니스 클럽에 다니신다고 하던데, 대단하세요."

"어머니는 반찬을 참 맛있게 만드세요."

이런 말을 며느리나 사위로부터 들으면 기분 좋은 사람도 있을 것이다. 하지만 대부분은 윗사람이 아랫사람에게 건네는 칭찬처럼 들려서 불쾌할 수 있다. 그렇기 때문에 윗사람에게도 I 메시지로 인정해 주는 말을 건네는 것이 바람직하다.

"민준이와 캐치볼 하시는 걸 봤는데, 아버님께서 공을 힘 있게 던지셔서 멋져 보였어요. 역시 아버님이세요!"

"어머니, 지난번에 만들어 주셨던 반찬이 너무 맛있었어요. 아이들도 너무 좋아하더라고요. 제가 바빠서 야채 요리를 잘 못하는데, 큰 도움이 됐어요."

"어머니, 지난번에 조언해 주셔서 감사했어요. 민준이가 학교에 가기 싫다고 해서 제가 너무 혼란스러웠는데, 어머니께서 좋은 말씀을 해 주셔서 마음을 차분히 가라앉히고 민준이와 진지하게 이야기를 나눌 수 있었어요. 감사드립니다."

이처럼 의도적인 메시지로 배경(의도)을 전달하고, 있는 그대로의 현실을 인정해 준다. 그리고 영향을 말한 다음, '나'를 주어로 자신의 솔직한 기분을 전한다.

Point!

윗사람을 인정해 주는 메시지를 전하려고 노력하면, 시댁 어른들과도 좋은 관계를 유지할 수 있다.

부부 사이에도 서로 인정해 주자

남편과 아내가 대화할 때도 칭찬하지 말고 서로 인정해 주자. 이렇게 말하면 반발하는 부부도 있다.

"칭찬받은 일도 없고, 인정받은 일도 없는데요."

"칭찬할 만한 일도, 인정할 만한 일도 없는데요."

실제로 이런 말을 하는 사람들이 많은 걸 보면 서로 인정해 주기보다는 불만이나 불평을 하는 부부가 많은 것 같다. 하지만 아이를 인정해 주면서 키우고 싶은데, 부모가 서로를 인정하지 않거나 충분한 대화를 나누고 있지 않다면 아이를 인정하면서 키우기 어렵다. 또한 상대가 아이든 어른이든 실제로 찾아보면 인정해 줄 점이 많은데도 찾으려고 하지 않는 경우도 많다.

먼저 자신부터 상대의 인정할 점을 찾아 '나'를 주어로 하는 의도적인 메시지로 인정해 주자. 신기하게도 내가 먼저 바뀌면 상대방도 바뀌게 된다. 부부가 함께 이 책을 읽으면 가장 좋겠지만, 그것이 어렵다면 먼저 이 책을 읽고 있는 당신부터 시작해 보자.

어떻게 도움이 되었는지 구체적으로 말하라

집안일을 하느라 바쁜 아내를 위해 아이들과 놀아 준 남편에게 이렇게 말해 보자.

"아이들과 함께 놀아 줘서 고마워요. 당신 덕분에 쌓였던 빨래도 다 하고, 거실 청소까지 마쳤어요. 아이들이 아빠랑 축구를 했다면서 좋아하던데, 너무 고마워요."

이처럼 구체적으로 의도적인 메시지를 건네서 남편의 행동을 인정해 주자. 그리고 남편의 행동에 대해 불만이 있거나 꼭 하고 싶은 말이 있을 때는 I 메시지로 자신의 솔직한 마음을 전해 보자.

"다음에는 학교 근처에 있는 넓은 공원으로 가는 게 좋겠어요. 그러면 공을 더 멀리 찰 수 있을 거예요. 그럼 아이들도 더 즐거워하고, 운동량이 많아서 당신에게도 좋을 거예요."

그리고 남편도 혼자 열심히 집안일을 하는 아내에게 인정해 주는 메시지를 전해 보자.

"아이들 둘 다 개구쟁이라서 당신이 많이 힘들지? 아이들이 좋아하는 것에 열중하면서 건강하게 자랐으면 했는데, 당신이 그렇게 키워 주고 있어서 늘 고맙게 생각하고 있어."

"요즘 회사 일 때문에 스트레스를 많이 받고 있는데, 당신이 맛있는 요리를 만들어 줘서 기운이 솟는 것 같아. 이렇게 열심히 일할 수 있는 것도 모두 당신 덕분이야. 고마워."

또한 일과 육아를 병행하면서 고생하는 아내에게는 이렇게 말해 보자.

"회사 일도 바쁠 텐데, 아이들을 돌보느라 늘 고맙게 생각하고 있어. 그리고 요즘 야근이 많다 보니 집안일도 자주 못 도와줘서 미안해. 나는 우리 아이들이 자기 일은 스스로 할 줄 아는 아이로 자랐으면 했는데, 당신이 열심히 하는 모습을 봐서 그런지 아이들이 그렇게 자라고 있어서 다행스럽게 생각해."

아이들에게 인정해 주는 메시지를 건네려고 마음먹어도 처음에는 쉽지 않을 것이다. 하지만 부부와 부모, 시댁 어른, 아이 친구의 엄마들, 직장 동료와 부하 직원 등 누구에게든 인정해 주는 대화법을 사용하다 보면 조금씩 익숙해질 것이다.

Point!

> 인정해 주는 대화법에 익숙해지면 주변 사람 누구와도 친밀한 대화를 나눌 수 있고, 당신과 관계를 맺고 있는 사람들의 바이탈리티 사이클도 선순환을 일으키게 된다.

3
착한 아이가 되라고
강요하셨던 어머니

생후 9개월 된 여동생이 홍역에 걸려 장애를 갖게
된 이후, 다섯 살이었던 오빠와 세 살이었던 나는 엄마에
게 이런 말을 들으며 자랐다.

"어린 동생 몫까지 열심히 해야 한다. 다른 사람보다 더
잘 해야 해!"

어린 나에게는 큰 부담이었다.

"너희들은 건강하니까 노력하면 뭐든지 할 수 있어. 여
동생 몫까지 열심히 하자!"

엄마는 기회가 있을 때마다 이런 말씀을 했고, 오빠와 나는 엄마의 기대를 저버릴 수 없어 열심히 노력했다.

엄마가 병원에서 여동생을 간병하는 동안 나는 이웃집에 맡겨졌다. 그런 환경에서 자란 나는 늘 이런 생각을 했다.

'어른들이 좋아하는 일을 하면 칭찬받을 수 있어.'

'얌전하게 있으면 나를 인정해 줄 거야.'

그러다가 결국 어른들의 시선과 평가에 예민해졌고, 정작 자신이 무엇을 좋아하는지 모르는 아이가 되고 말았다. 아무리 힘들어도 엄살이나 어리광을 부리지 못했다. 심지어 즐거운 일과 슬픈 일을 겪어도 아무런 감정을 느끼지 못했다.

또한 "너는 다른 아이들과 달라. 특별한 아이야!"라는 엄마의 칭찬에 거부감이 들었지만, 칭찬받고 싶은 마음에 만화나 놀이에 관심이 없는 척 연기를 했다.

그러다가 초등학교 4학년이던 어느 날, 큰 결심을 하고 친구들 사이에 인기가 높았던 만화 잡지를 사달라고 엄마를 졸랐다.

"뭐라고? 그런 걸 갖고 싶어 하다니 이상하구나. 반 친구들이 다 읽는다고? 그런 보통 아이들이 보는 만화책을 너도 갖고 싶은 거야?"

"…… 알겠어요. 됐어요."

그러고는 방으로 돌아와서 이렇게 생각했다.

'나는 지금 엄마가 기대하는 모습에서 벗어나 있어. 좀 더 노력하자!'

하지만 가슴이 답답해지면서 괴로웠다.

언제나 완벽함을 추구했던 엄마는 좀처럼 나를 칭찬하거나 인정해 주지 않았다. 결국 나는 뭔가 잘 안 되는 일이 있어도 내 책임이라고 생각하기 보다는 모든 원인을 아픈 여동생 때문이라고 원망했다.

또한 학교 친구들과도 잘 어울리지 못해 외톨이가 되었고, 누구에게도 속마음을 털어놓지 않았다. 심지어 나 자신조차도 내 마음을 잘 모를 정도였다. 그런 나 자신이 끔찍하게 싫었다. 언젠가는 이런 생각도 했다.

'훗날 자식을 낳으면 절대로 엄마처럼 안 키울 거야!'

그리고 딸아이를 낳는다면 칭찬하면서 키우기로 결심했다. 또한 아이에게 선악의 구별과 규칙, 식사 예절 등 최소한의 예의범절은 확실하게 가르치겠다고 생각했다.

그래서 두 살도 채 되지 않은 딸아이에게 식사 예절을

엄하게 가르쳤고, 잘 지키면 칭찬해 주었다. 남편은 밥 먹을 때 만큼은 화를 내지 말고 즐거운 기분으로 먹자고 했지만, 나는 어릴 때부터 철저하게 가르쳐야 한다며 반발했다. 그래서 식사 시간이 예의범절을 가르치는 시간이 된 적도 종종 있었다.

다행히 딸아이는 예의바르고 인사도 잘하는 아이로 자랐다. 그러던 어느 날, 딸아이가 같이 놀던 아이를 때리는 일이 벌어졌다. 그 이유를 물었더니 이렇게 대답하는 게 아닌가!

"얘가 나쁜 행동을 했어요. 그래서 때렸어요."

엄마가 가르쳐 준 선악의 기준에 비추어 나쁜 행동을 했을 때는 때려도 된다는 논리였다. 그 일이 있은 후 딸아이에게 친구를 때리면 안 된다고 몇 시간에 걸쳐 이야기했다. 또한 다른 아이의 엄마에게서 "그 집 아이는 해맑은 아이다운 면이 없네요."라는 말을 듣고 충격에 빠졌다.

실제로 딸아이는 어리광도 부리지 않았고, 아기였던 여동생을 돌봐 주는 등 이런저런 일을 도와주었다. 아이다운 면이 없다는 말에 놀라 딸아이를 자세히 관찰해 보니, 엄마에게 칭찬을 들으려고 여동생을 돌보는 것처럼 보였다.

나도 모르는 사이에 내 자식에게만은 강요하지 않겠다고 다짐했던 부모님의 가치관을 강요하고 있었던 것이다. 언제나 착한 아이였던 딸아이가 어른의 눈치를 살피고 있었다니…….

좋은 엄마가 되려고 했는데 그러지 못했다는 미안함 때문에, 앞으로 아이를 어떻게 키워야 할지 자신감을 잃고 말았다. 그러던 중에 이 책의 저자인 기시 선생님을 만났고, 나 자신과 아이를 있는 그대로 받아들이는 방법을 배웠다. 그리고 몸과 마음이 아주 편안해졌다. 나와 딸아이에게 그동안 수고했다고, 열심히 했다고 말해 주고 싶은 기분이 들었다.

지금은 "무슨 일이 있어도 엄마는 네 편이야!"라고 말해 주는 등 말과 행동으로 사랑을 표현하기 위해 노력하고 있다. 딸아이에게 고민이 있을 때는 이야기를 들어주기만 해도 아이가 "엄마한테 말했더니 기분이 나아졌어요."라고 말하는 등 점점 좋은 방향으로 나아가고 있다. 지금은 아이의 모든 것을 있는 그대로 받아들이자는 마음으로 아이를 보살피고 있다. 또한 딸아이는 물론 나도 조금씩 변하고 있다.

현재 중학교 2학년인 딸아이는 학교 학생회에서 부회장을 맡는 등 학교생활을 즐겁게 보내고 있다. 초등학교 6학년인 둘째 딸은 자주 어리광을 부리기도 하지만, 서예 과목에서 학교 대표로 선발되기도 했다. 두 딸이 장래의 꿈을 찾아 각자 좋아하는 일을 열심히 하고 있다. 앞으로는 어떤 일이 있어도 아이들을 있는 그대로 받아들일 것이다.

마지막으로 나를 낳아 주시고 키워 주신 어머니에게 감사의 마음을 전하고 싶다. 어머니가 일부러 그랬던 것이 아니라, 나를 올바른 사람으로 키우기 위해서 그러셨다는 것을 누구보다 잘 알기 때문이다.

4

'대단하다'는 말 대신
'어땠어?'라고 묻다

나는 어린 시절에 칭찬을 받으며 자랐다. '잘했어. 대
단해!', '훌륭해!'라는 칭찬을 들으면 기분이 좋아져서 칭찬
을 받기 위해, 혼나지 않기 위해 행동했다. 그리고 고민이
있어도 말하면 안 된다는 생각에 누구에게도 속마음을 털
어놓지 않았다.

'노력하면 더 잘 할 수도 있었는데…….' 혹은 '이렇게 하
면 더 좋았을 텐데…….'라는 생각이 들어도 칭찬받으면 기
분이 좋아져서 만족했고, '이 정도면 됐어!'라고 생각하여

더 노력하고 싶고 도전하고 싶은 마음이 생겨도 스스로 접었다. 즉 '이 정도 칭찬을 받았으면 됐어!'라는 한계를 마음속으로 정해 놓고 그 이상은 뛰어넘지 않아도 된다고 생각했던 것이다. 그래서 내 아들만큼은 인정해 주는 육아법에 따라 키우기로 결심했다.

얼마 전, 초등학교 6학년인 아들이 자치단체에서 주관하는 육상 대회에 나갔을 때의 일이다. 육상 대회에는 각 학교에서 선발된 아이들이 참가하는데, 그중에서도 100미터 달리기는 각 학교에서 1등인 학생만 출전할 수 있었다.

작년부터 건강에 문제가 생기는 바람에 가장 좋아했던 야구를 그만둔 후, 자신감을 잃었던 아들이 육상 대회에 참가하는 것만으로도 충분하다고 생각했다. 그런데 아들이 자기 종목에서 2위를 차지했다. 더 큰 대회에 나갈 수 있는 실력이었다. 게다가 단체전에서도 상장을 받았다.

나는 "우리 아들 장하다!"라고 외치며 정신없이 아들에게 달려갔다. 멀리서 경기를 지켜본 탓에 가장 늦게 도착했다. 나보다 먼저 도착한 학부모들과 친구들이 기뻐하면서 "참, 잘 달리더라. 역시 대단해!"라고 말하며 축하 인사와 칭찬을 건넸다. 하지만 아들의 표정은 밝지 않았다. 그런 아들은 보면서 이런 생각이 들었다.

'왜 솔직하게 기뻐하질 못하지? 그 정도 성적이면 누구나 부러워할 텐데……'

그래서 아이를 칭찬하거나 이유를 따져 묻지 않고 이렇게 물었다.

"어땠어? 달려보니까?"

그러자 아들이 말했다.

"엄마, 내가 원래 1등이었어요. 부정 출발을 한 번 하고 나서 그 다음에 또 하게 되면 실격 처리되는 규정 때문에 출발이 늦었던 거예요. 첫 번째 출발했을 때는 1위였는데……. 다음에는 더 열심히 노력해서 1등을 하고 말 거예요."

나는 안도의 한숨을 내쉬었다. 아들은 결과에 만족하지 않은 것이 아니라, 다음번에는 더 잘하겠다는 다짐을 하고 있었던 것이다. 칭찬받는 것에 만족하고 안주하는 것이 아니라, 자신이 도달할 수 있는 더 높은 목표에 집중하고 있었던 것이다.

나는 그런 아들이 얼마나 대견스러웠는지 모른다.

커뮤니케이션은 자전거와 같다

대부분의 사람들이 커뮤니케이션을 어려워하며, 특히 아이와의 커뮤니케이션을 더 어려워하는 것 같다. 그렇다 보니 나름대로 책을 읽고, 자녀 교육에 관한 강의를 듣고 이런저런 노하우를 적용해 보지만 생각만큼 좋은 결과가 나오지 않는다. 그렇다고 바쁜 시간을 쪼개 육아 대화법을 배워서 일일이 적용하기도 힘들고, 자식을 위해 그런 것도 못하나 싶어 자괴감이 들기도 한다.

이 책에서 설명한 인정해 주는 대화법을 곧바로 활용하지 못하더라도 실망하지 않기를 바란다. 시간이 걸리더라도 하나씩 하나씩 적용하다 보면 아이에게 큰 변화가 생길 것이다.

당신이 자전거 타는 법을 배우려고 시도했던 때를 떠올려 보자. 처음에는 잡아 주는 사람 없이 혼자 타는 것이 어렵고 힘들다. 하지만 여러 번 넘어지면서 경험을 통해 감각을 익히다 보면 자연스럽게 탈 수 있게 된다. 그렇게 해서 자전거 타는 법을 배우면 오토바이도 탈 수 있고, 응용할 수 있는 범위가 점점 커진다. 의도적인 메시지 전달법도 자전거 타기와 비슷하다.

따라서 순서가 조금 틀리더라도, 각 단계의 요소가 빠지더라도, 곧바로 변화가 나타나지 않더라도 속는 셈 치고 꾸준히 실천해 보자. 완벽하지 않아도 괜찮다. 처음부터 능숙하게 대화법을 바꾼다면 오히려 그게 더 이상하지 않겠는가?

그리고 I 메시지 커뮤니케이션 방법을 주변 사람들에게 널리 알리고, 주변 사람들도 행복하게 살 수 있도록 도와주자. 그렇게 하면 당신의 삶은 더욱더 행복해지고 즐거울 것이다.

기시 히데미쓰岸 英光